Adam Smith

Reihe Campus
Einführungen
Band 1043

Herausgegeben von
Christian Krüger (Hamburg)
Hans-Martin Lohmann (Heidelberg)
Alfred Paffenholz (Bremen)
Willem van Reijen (Utrecht)
Martin Weinmann (Wiesbaden)

Wie kein anderes Buch ist diese Schrift dazu angetan, in das
Denkuniversum von Smith einzuführen. Sie läßt den »roten
Faden« sichtbar werden, der sich durch das gesamte – und auf
den ersten Blick ganz disparate – Werk von Smith zieht.
Raphael bietet gediegene Darstellungen der ökonomischen
und der ethischen Theorie und kann zeigen, daß beide –
anders als in der Literatur gemeinhin behauptet – durchaus
nicht unvereinbar sind. Darüber hinaus belegt er, daß auch
Smith' sonstige Schriften, etwa die zur Geschichte der Astronomie, integral zu seinem Werk gehören. Abgerundet wird
der Band durch einen bibliographischen Anhang, der eigens
für die deutsche Ausgabe eingerichtet wurde.

D. D. Raphael, geb. 1916, ist emeritierter Professor für
Philosophie. Er lehrte zuletzt an der University of London,
gilt als einer der besten Kenner der schottischen Moralphilosophie und hat im Rahmen der Glasgower Edition von
Smith' Schriften die *Theorie der ethischen Gefühle* herausge-
bracht.

D. D. Raphael

Adam Smith

Aus dem Englischen
von Udo Rennert

Campus Verlag
Frankfurt/New York

Die englische Originalausgabe »Adam Smith« erschien 1985 in der Oxford University Press, Oxford.

Copyright © 1985 by D. D. Raphael

Die deutsche Ausgabe wurde gegenüber der Originalausgabe von Hans-Martin Lohmann um die »Literatur« und die »Biographischen Daten« erweitert.

CIP-Titelaufnahme der Deutschen Bibliothek

Raphael, David D.:
Adam Smith / D. D. Raphael. Aus dem Engl. von Udo Rennert. – Frankfurt/Main ; New York : Campus Verlag, 1991
  (Reihe Campus ; Bd. 1043)
  Einheitssacht.: Adam Smith
  ISBN 3–593–34487–4
NE: GT

Copyright © 1991. Alle deutschsprachigen Rechte bei Campus Verlag GmbH, Frankfurt/Main
Umschlaggestaltung: Atelier Warminski, Büdingen
Gesamtherstellung: Friedrich Pustet, Regensburg
Printed in Germany

Inhalt

Danksagung

Ich möchte dem Leverhulme Trust Dank sagen für eine Emeritus Fellowship, mit der die Ausgaben gedeckt wurden, die mir bei der Niederschrift dieses (und eines anderen) Buches entstanden sind.

Des weiteren möchte ich drei Menschen für ihre Hilfe danken. Meine Frau, Sylvia Raphael, las das Manuskript und schlug eine Reihe von Verbesserungen in der Darstellung vor. Mein Freund und ehemaliger Kollege an der Universität Glasgow, Professor Andrew Skinner, dessen Veröffentlichungen ich bereits verpflichtet war, erklärte sich freundlicherweise bereit, das 4. Kapitel zu lesen, und gab mir einige wertvolle Ratschläge zu einigen Punkten in meiner Wiedergabe der ökonomischen Grundgedanken von Adam Smith. Ainslee Rutledge lieferte schließlich ein sorgfältig korrigiertes Typoskript des Textes.

Einige Abschnitte im 6. Kapitel geben in veränderter Fassung Teile eines Vortrags über Adam Smith wieder, den ich vor dem Royal Institute of Philosophy im Rahmen einer Vortragsreihe zum Thema »Philosophen der Aufklärung« gehalten habe und die anschließend in einem Buch mit demselben Titel veröffentlicht wurden.

D. D. R.

Siglen

C   *The Correspondence of Adam Smith,* ed. E. C. Mossner und I. S. Ross, Oxford 1977

J   *Lectures on Jurisprudence,* ed. R. L. Meek, D. D. Raphael und P. G. Stein, Oxford 1978

P   *Essays on Philosophical Subjects,* ed. W. P. D. Wightman, J. C. Bryce und I. S. Ross, Oxford 1980

R   *Lectures on Rhetoric and Belles Lettres,* ed. J. C. Bryce, Oxford 1983

TeG *Theorie der ethischen Gefühle,* übers. von Walther Eckstein, Hamburg ³1985

WN *Der Wohlstand der Nationen. Eine Untersuchung seiner Natur und seiner Ursachen,* übers. von Horst Claus Recktenwald, München ⁴1988

1. Ein Meister für viele Schulen

Adam Smith ist ein alter Meister für Denker und Gelehrte unterschiedlichster Richtungen, für Konservative und Marxisten, für Liberale und Gegner des Radikalismus, für Nationalökonomen, Philosophen und Soziologen. Jeder bewundert etwas anderes an seinem Werk, und manchmal kann man sich gewisser Zweifel nicht erwehren, ob alle diese unterschiedlichen Dinge überhaupt durch ein einigendes Band zusammengehalten werden können. Dennoch ist jedes von ihnen überzeugend genug, um als mehr oder weniger profunde Wahrheit seine Spuren zu hinterlassen.

Sein Buch *Der Wohlstand der Nationen* ist wegen seines Eintretens für den Freihandel ganz besonders bekannt geworden. Liberale des 19. Jahrhunderts waren ebenso wie Adam Smith selbst davon überzeugt, daß die Handelsfreiheit mit anderen Freiheiten Hand in Hand geht, und übernahmen sie als Grundprinzip jeder Politik. In jüngerer Zeit haben sich die Konservativen dieses Aushängeschilds bemächtigt, und zumindest in England waren die leidenschaftlichsten Anhänger einer freien Marktwirtschaft zugleich führende Köpfe der Konservativen Partei. Als Sir Keith Joseph im ersten Kabinett Margret Thatchers 1979 sein Amt als Industrieminister antrat, ließ er an die ranghöheren Mitarbeiter seines Ministeriums eine »Leseliste« verteilen, die sowohl den *Wohlstand der Nationen* als auch das frühere Buch von Adam Smith, *Theorie der ethischen Gefühle*, enthielt.

Es kann kaum überraschen, daß rechte Politiker ein Werk anpreisen, das im Kapitalismus die Wurzel alles ökonomisch Guten sieht. Überraschender ist dagegen, zumindest auf den ersten Blick, daß auch Karl Marx dem *Wohlstand der Nationen* einiges verdanken soll, aber die Gründe hierfür liegen auf der Hand. Marxens materialistische Geschichtsdeutung ist eine Theorie gesellschaftlicher Entwicklungsstufen mit je einer eigenen Gesellschaftsstruktur, spezifischen Eigentumsverhältnissen und einer besonderen Produktionsweise. Die Substanz einer solchen Theorie liegt auch dem *Wohlstand der Nationen* zugrunde, einer gleichermaßen soziologischen wie ökonomischen Abhandlung. Smith schreibt darin von vier Entwicklungsstufen der Gesellschaft, beginnend mit dem Stadium der Jäger, gefolgt von den Zeitaltern der Hirtenvölker, der Ackerbauern und schließlich der Handel- und Gewerbetreibenden. Die Analyse der Wirtschaftätigkeit, die den Hauptgegenstand des Buches bildet, gehört zur vierten Stufe des Prozesses. Der historische Abriß verfolgt die Absicht, die Entwicklung von Recht und Staat zu erklären, die nach dieser Darstellung erstmals in der Gesellschaft der Hirtenvölker notwendig wird, wenn der Eigentumsbegriff aufkommt. Jäger verzehren sogleich, was sie erlegt haben; Hirten halten ihre Herde für den zukünftigen wie für den gegenwärtigen Gebrauch. Eigentum muß geschützt werden, und das ist in den Augen von Smith die primäre Aufgabe des Staates. »Wird also eine Regierungsgewalt zu dem Zwecke eingerichtet, das Eigentum zu sichern, so heißt das in Wirklichkeit nichts anderes, als die Besitzenden gegen Übergriffe der Besitzlosen zu schützen.« (WN 605) Adam Smith war nicht der einzige Autor, bei dem später Marx etwas über gesellschaftliche Entwicklungsstufen lesen sollte, aber keiner von ihnen schlug einen so radikalen Ton an wie er.

Freilich kann Adam Smith auch von Gegnern des Radikalismus, jedenfalls eines politischen Radikalismus, in Anspruch genommen werden. »Der Parteidoktrinär«, lesen wir bei ihm, »pflegt in seinen eigenen Augen sehr weise zu sein und ist oft so verliebt in die eingebildete Schönheit seines bloß vorgestellten Regierungsplanes, daß er nicht die geringste Abweichung von diesem Plane verträgt.« (TeG 395 f.) Er glaubt, er könne die Gesellschaft wie die Figuren auf einem Schachbrett anordnen, und vergißt dabei, daß »auf dem großen Schachbrett der Gesellschaft jede einzelne Figur ein eigenes Bewegungsprinzip besitzt, das durchaus von demjenigen verschieden ist, welches der Gesetzgeber nach seinem Gutdünken ihr auferlegen möchte« (TeG 396). Auch hier finden wir Argumente für die Freiheit, diesmal für politische Freiheit, allerdings einen Begriff der politischen Freiheit, der sich gegen den reformerischen Radikalismus von Verfassungskonstrukteuren richtet.

James Boswell war ursprünglich ein Schüler von Adam Smith an der Universität Glasgow. In späteren Jahren bemerkte Smith gegenüber Boswell, es sei sein großer Fehler, sich nach einem System zu richten, und Boswell hielt dies für eine merkwürdige Kritik bei einem Philosophen.[1] Als Philosoph und erst recht als Nationalökonom suchte Smith zweifellos nach einem System, aber er wies ihm seinen angemessenen Platz zu. Eine systematische Theorie war eine Sache für sich, unerläßlich für befriedigende Erklärungen. Die Orientierung an einem – zwangsläufig vereinfachten – System, ohne die näheren Umstände des einzelnen Falles zu berücksichtigen, war dagegen etwas ganz anderes.

Adam Smith war nicht der Begründer des Studiums, nicht einmal des wissenschaftlichen Studiums der Volkswirtschaft. Bereits die Philosophen der Antike und des Spätmittelalters hatten in ihren Reflexionen über die Wirkungsweise der menschlichen Gesellschaft einige ökonomische Erkenntnisse gewonnen. Im 17. und im 18. Jahrhundert bis zur Veröffentlichung des *Wohlstands der Nationen* (1776) gab es bereits bedeutsame Fortschritte in der Entwicklung von Theorien des Wertes, des Geldes und des internationalen Handels. Der Merkantilismus, jene Lehre, die eine staatliche Kontrolle des Außenhandels befürwortete, entwickelte eine systematische

Theorie, vor allem in den Abhandlungen von Thomas Mun im 17. Jahrhundert und von Sir James Steuart, ebenso wie Smith ein Schotte, neun Jahre vor dem Erscheinen der ersten englischen Ausgabe des *Wohlstands der Nationen*. In Frankreich hatten die Physiokraten eine ganz andere Darstellung der Wirtschaftstätigkeit erarbeitet und sich für eine Politik des Freihandels ausgesprochen. Während die Ursprünge ihrer Lehre auf philosophischen Anschauungen über das Naturrecht beruhten, wurde sie von François Quesnay mit seinem 1758 erschienenen *Tableau économique* zu einem wissenschaftlichen System ausgebaut. Dieses bestand in einer Art physiologischem Modell des jährlichen Kreislaufs von Zahlungsströmen von einer gesellschaftlichen Klasse zu einer anderen in Form von Renten, Kosten, Löhnen und Gewinnen. Vermutlich hatte es sein Vorbild im menschlichen Blutkreislauf (Quesnay hatte Medizin studiert und war praktizierender Arzt) und stellte einen Meilenstein in der Geschichte der Nationalökonomie als einer systematischen Forschungsdisziplin dar. Quesnay war von einer bereits 1755 erschienenen Arbeit Richard Cantillons beeinflußt worden, in der einige Gelehrte die erste wissenschaftliche Behandlung der Prinzipien der Nationalökonomie sehen.

Der Wohlstand der Nationen ist in seiner Anlage wesentlich umfangreicher und in dem herangezogenen Belegmaterial viel detaillierter als die Untersuchungen seiner französischen Vorläufer. Dabei ist dieses Werk bemerkenswert systematisch in seiner Verknüpfung verschiedener Merkmale dessen, was wir heute als das Wirtschaftsleben der Gesellschaft bezeichnen würden. Das Buch ist ebenso beeindruckend wie Darwins *Über den Ursprung der Arten*, weil es eine systematische Theorie mit einer Fülle von anschaulichen empirischen Fakten verbindet. Doch der systematische Charakter der Theorie besteht bei Smith darin, Zusammenhänge aufzuzeigen, statt sich wie Darwin auf ein einziges Erklärungsprinzip zu stützen. Smith' Hinweis auf »das einsichtige und einfache System der natürlichen Freiheit« (WN 582), mit dem er den

Merkantilismus kritisiert, bringt eine tiefverwurzelte ideologische Überzeugung zum Ausdruck, aber er benutzt sie nicht als Universalprinzip zur Erklärung jeglicher Wirtschaftstätigkeit. *Der Wohlstand der Nationen* stellte alle früheren Abhandlungen über politische Ökonomie in den Schatten, weil das Werk so umfassend systematisch war, und nicht, weil es den Freihandel propagierte. Es wurde zum Standardmodell, das studiert, erprobt, revidiert und verbessert werden mußte.

In jüngerer Zeit haben Nationalökonomen das Werk unter einem anderen Blickwinkel betrachtet. Ihr Interesse für wirtschaftliches Wachstum hat ihnen den Blick dafür geöffnet, daß Adam Smith' *Untersuchung der Natur und der Ursachen des Wohlstands der Nationen,* so der vollständige Titel seines Werkes, eine Untersuchung des wirtschaftlichen Wachstums oder der wirtschaftlichen Entwicklung ist und damit noch immer zur Hauptströmung des wirtschaftswissenschaftlichen Denkens gehört, wie es heute begriffen wird. Das Buch beginnt mit der gesellschaftlichen Arbeitsteilung, um von Anfang an deutlich zu machen, wie enorm der Unterschied in der Produktivität bei der Herstellung einer Stecknadel ist, je nachdem, ob diese durch einen einzigen Mann erfolgt oder ob der Arbeitsprozeß auf zehn Männer verteilt wird. Im Anschluß daran stellt Smith eine Verbindung her zwischen Arbeitsteilung und Bildung von Kapital, Zunahme der Beschäftigung und einem selbstregulierenden Mechanismus, der verhindert, daß die Löhne zu stark ansteigen und damit weiteres Wachstum verhindern. Unter dieser Perspektive des wirtschaftlichen Wachstums erweist sich Smith' soziologischer Exkurs über die Geschichte der Gesellschaft als der wesentliche Hintergrund seiner Darstellung.

Das soziologische Interesse an diesem Werk von Smith beschränkt sich freilich nicht auf seine Theorie der Geschichte der Gesellschaft. Im *Wohlstand der Nationen* finden sich erstaunliche Ausführungen über das Bildungswesen, über die Kirche, über den Charakter der verschiedenen Klassen in der Gesellschaft und über die psychologischen Auswirkungen der Spezialisierung. Wenn der Leser dieses Werkes auch die *Theorie der ethischen Gefühle* liest, so wird er feststellen, daß das gesamte Denken von Smith über das menschliche Verhalten von einer soziologischen Betrachtungsweise durchdrungen ist. Die *Theorie der ethischen Gefühle*, in erster Linie ein moralphilosophisches Buch, behandelt die Moral als ein gesellschaftliches Phänomen. In Smith' Darstellung der Ethik nimmt die Sympathie, der eigentliche »Kitt« der Gesellschaft, den zentralen Platz ein. Die Billigung oder Mißbilligung der Handlungen eines Menschen durch andere ist der Spiegel, in dem er seinen eigenen Charakter erkennt. Während Smith in seiner Darstellung der Nationalökonomie die gesellschaftlichen Wirkungen eines egoistischen Verhaltens verfolgt, das sich am Markt orientiert, verweist seine moralphilosophische Untersuchung auf die nicht weniger stabile Struktur der gesellschaftlichen Solidarität, die sich unserem Mitgefühl und unserem Streben nach der Wertschätzung anderer verdankt.

Die *Theorie der ethischen Gefühle* bleibt dennoch ein Werk der Philosophie. In der Geschichte eines bestimmten Typus der ethischen Theorie, die moralische Werte auf menschliche Gefühle gründet, nimmt es einen herausragenden Platz ein. Das Buch findet heute weniger Leser als das nur wenig früher erschienene Werk seines Freundes David Hume. Wenn man an beider Beiträge zur Philosophie denkt, erreicht Smith an keiner Stelle den hohen Rang Humes (den Smith selbst immer in den wärmsten Worten anerkannt hat). Nimmt man jedoch die Moralphilosophie für sich, dann verteilt sich der Ruhm gleichmäßiger auf die beiden Männer. Smith folgte und verbesserte Hume in dessen Betonung der Rolle der Sympathie in der Ethik und fügte seinen eigenen, differenzierteren Begriff eines gedachten »unparteiischen Zuschauers« hinzu, um das Gewissen zu erklären, die Summe der moralischen Urteile, die eine Person über das eigene Handeln fällt. Diese Theorie hat eine gewisse Ähnlichkeit mit der Theorie, die

Freud im 20. Jahrhundert vom »Über-Ich« entwickeln sollte, allerdings mit dem Unterschied, daß Smith von der gesellschaftlichen, Freud von der elterlichen Billigung und Mißbilligung ausgeht.

Unter den Forschern, die sich mit Wissenschaftsgeschichte und -theorie beschäftigen, ist vermutlich noch am ehesten bekannt, daß Smith mit seiner Abhandlung »Die Geschichte der Astronomie« einer der Pioniere in dieser Disziplin gewesen ist. Dieser Essay ist ebenso philosophisch wie historisch angelegt und in beiden Hinsichten für seine Zeit herausragend. Die historische Darstellung ist heute überholt, doch die begleitende Theorie, derzufolge wissenschaftliche Systeme Produkte der menschlichen Vorstellungskraft sind, weckt noch heute Bewunderung als eine bemerkenswert kühne Tat von Smith' eigener rationaler Vorstellungskraft.

Sowohl in seiner ethischen Theorie als auch in seiner Erkenntnistheorie liegt Smith' Stärke in der philosophischen Psychologie. Das zeigt sich bereits in seiner Betonung der Sympathie und des menschlichen Vorstellungsvermögens und in seiner Erklärung des Gewissens. Die Theorien der philosophischen Psychologie, ob sie von erklärten Philosophen stammen oder von Möchtegern-Naturwissenschaftlern wie Freud, enthalten stets ein spekulatives Element und lassen sich nicht ohne weiteres durch empirische Daten bestätigen oder widerlegen. Adam Smith hingegen beeindruckt seine Leser auch als empirischer Psychologe. Sowohl in der *Theorie der ethischen Gefühle* als auch im *Wohlstand der Nationen* erweist er sich als scharfer Beobachter menschlichen Verhaltens.

»Wenn der Pöbel einen Mann angafft, der auf dem schlaffgespannten Seile tanzt, dann dreht und wendet sich jeder einzelne von ihnen unwillkürlich und balanciert seinen eigenen Körper so, wie er es den Seiltänzer tun sieht und wie er es seinem Gefühle nach selbst tun müßte, wenn er in der Lage des letzteren wäre.« (TeG 3)

»Ein Prahler pflegt eine Menge Geschichten von seiner eigenen Rücksichtslosigkeit zu erzählen, die gar nicht wahr sind, und er

15

bildet sich ein, daß er sich dadurch seiner Zuhörerschaft wenn schon nicht liebenswerter und achtungswürdiger, so doch wenigstens furchtbarer mache.« (TeG 406)

»Gelegentlich erwecken zwei Windhunde, die gemeinsam einen Hasen jagen, den Eindruck, als ob sie sich in einer Art von Übereinkunft das Wild gegenseitig zutrieben.« (WN 16)

Der Sozialanthropologe Edward Westermarck beschrieb die *Theorie der ethischen Gefühle* als den »bedeutsamsten Beitrag zur Moralphilosophie, der je von einem britischen Denker geleistet wurde«.[2] Der Historiker H. T. Buckle sagte vom *Wohlstand der Nationen,* »wenn man seine Wirkungen in Betracht zieht, (ist es) vielleicht das wichtigste Buch, das je geschrieben worden, und ohne Zweifel der werthvollste Beitrag, den irgend ein einzelner Mensch jemals zur Festlegung der Principien, worauf die Staatsregierung gegründet werden sollte, gemacht hat«.[3] Die erste dieser Meinungen ist nicht mehr als gerechtfertigt; die zweite ist ziemlich abenteuerlich, wenn auch keineswegs lächerlich. Beide aber führen anschaulich die Begeisterung vor Augen, die Adam Smith bei unterschiedlichsten Leuten und in den verschiedensten Disziplinen hervorruft.

2. Leben

Adam Smith wurde in der Ortschaft Kirkcaldy an der Küste der Grafschaft Fife geboren. Das genaue Datum seiner Geburt liegt im Ungewissen, nicht jedoch der Tag, an dem er getauft wurde: der 5. Juni 1723. Noch vor der Geburt des Kindes war der Vater gestorben. Adam Smith sen. war Jurist und Beamter. Er war zweimal verheiratet und hatte aus jeder Ehe einen Sohn. Seine erste Frau, Lilias Drummond, starb 1717, als ihr Sohn Hugh etwa acht Jahre alt war. Seine zweite Frau, die Mutter des berühmten Adam, war Margaret Douglas. Ihre Hochzeit fand 1720 statt, als sie in den Zwanzigern und er etwa 40 Jahre alt war. Nach weniger als drei Jahren war sie verwitwet. Unter solchen Umständen muß das einzige Kind, nach dem Tod des Ehegatten zur Welt gekommen, etwas doppelt Kostbares gewesen sein, und die Bande zwischen Mutter und Sohn blieben während ihres restlichen Lebens ungewöhnlich eng. Adam Smith selbst heiratete nie, und Freudianer werden zweifellos sagen, dies sei die Folge seiner Mutterbindung gewesen. Dennoch hielt ihn seine Sohnesliebe nicht davon ab, sich mindestens zweimal in seinem Leben zu verlieben, und seine Empfänglichkeit für Frauen zeigt sich deutlich genug in etlichen Passagen seiner *Theorie der ethischen Gefühle*.

Es gibt eine Geschichte, nach der Adam Smith im Alter von drei Jahren von einer Bande von Zigeunern entführt wurde, als er gerade seinen Onkel besuchte. Sein Biograph John Rae schreibt darüber: »Ich fürchte, es wäre ein schlechter Zigeuner aus ihm geworden«, wobei er zweifellos an die bei Smith sprichwörtliche Zerstreutheit und an dessen Neigung zum spekulativen Denken gedacht hat.[4] Ich bin nicht sicher, daß Adam Smith selbst dem zugestimmt hätte. Für ihn waren menschliche Fähigkeiten weniger durch die Anlagen als durch die Umwelt bedingt. »So scheint zum Beispiel die Verschiedenheit zwischen zwei auffallend unähnlichen Berufen, einem Philosophen und einem gewöhnlichen Lastenträger, weniger aus Veranlagung als aus Lebensweise, Erziehung und Gewohnheit entstanden.« (WN 18) Jedenfalls ist Smith nicht der einzige zerstreute Professor, der in der praktischen Verwaltung enorm erfolgreich war, und nach meinem Dafürhalten hätte er ein sehr nützliches Mitglied einer Zigeunerbande abgegeben. Allerdings währte sein unfreiwilliger Aufenthalt nur wenige Stunden.

Nach dem Besuch der Burgh-Schule in Kirkcaldy bezog Smith 1737 die Universität in Glasgow im Alter von 14 Jahren, etwas älter, als es damals für Studienanfänger üblich war. Warum er nach Glasgow geschickt wurde und nicht auf eine der nähergelegenen Universitäten in Edinburgh oder St. Andrews, ist nicht bekannt. Vielleicht deshalb, weil eine Tante von ihm in Glasgow lebte oder weil die dortige Universität die Möglichkeit bot, ein Snell-Stipendium zu erhalten und damit das Balliol College in Oxford zu besuchen, wie Smith dies später tat. Einer seiner Kommilitonen erinnerte sich, daß Smith' Lieblingsfächer in Glasgow Mathematik und Naturphilosophie (Physik) waren. Seine guten Kenntnisse auf diesen Gebieten zeigen sich in seinem Essay über die Geschichte der Astronomie, aber seine Arbeiten lassen im allgemeinen keine besondere Neigung in dieser Richtung erkennen. Den stärksten Einfluß auf Smith während seiner Studienjahre übte Francis Hutcheson aus, Professor für Moralphilosophie, dessen Vorlesungen über Ethik, Jurisprudenz und Ökonomie die Fundamente für Smith' eigene Ideen auf diesen Gebieten legten.

Von Glasgow ging Smith 1740 nach Oxford mit einem Snell-Stipendium, eine Institution, die ursprünglich dazu gedacht war, die Ausbildung schottischer Studenten für ein geistliches Amt der »Kirche in Schottland«, d. h. die Episkopalkirche zu fördern. Diese Voraussetzung für die Nutznießer der Stiftung wurde hinfällig, als die Kirche von Schottland 1690 presbyterianisch wurde. Zur Zeit Adam Smith' wie heute stand das Snell-Stipendium solchen begabten Studenten der Universität Glasgow offen, die nach Oxford gehen und dort ein Fach ihrer Wahl studieren wollten. Smith blieb sechs Jahre in Oxford und betrieb sein Studium offenbar weitgehend selbständig. Ebenso wie Edward Gibbon fand er die Professoren an der dortigen Universität empörend faul und inkompetent. Im *Wohlstand der Nationen* lesen wir den Satz: »An der Universität Oxford haben es die meisten Professoren schon seit Jahren aufgegeben, auch nur den Schein zu wahren, daß sie ihren Lehrverpflichtungen nachkommen.« (WN 647) Es hätte kaum einen größeren Kontrast zu Glasgow geben können, wo die Lehre an oberster Stelle stand und insbesondere Hutcheson brillante Vorlesungen hielt.

Im Balliol College hatte Smith jedoch freien Zutritt zu einer guten Bibliothek, und er beschäftigte sich ausgiebig mit den griechischen und lateinischen Klassikern und der französischen Literatur (aus der er ausgewählte Passagen mit Vergnügen ins Englische übertrug). Daneben las er etliche Abhandlungen der zeitgenössischen Philosophie, unter anderem auch den gerade erst erschienenen *Treatise on Human Nature* seines schottischen Landsmanns David Hume. Smith erzählte seinen Freunden in späteren Jahren, man habe ihm eine Rüge erteilt, als man ihn bei der Lektüre dieses Buchs ertappte, das obendrein sofort konfisziert wurde. Der *Treatise* galt allgemein als atheistisch und der Moral abträglich. Smith hatte offenbar einen schärferen Sinn für dessen originellere Aspekte. Sein Rückgriff auf Humes Ethik in der *Theorie der ethischen Gefühle* verrät eine klare, wenn nicht sogar völlig exakte Erinnerung an Teile des *Treatise,* und sein Essay über die Geschichte der Astronomie hätte ohne ein Verständnis von Humes subtiler Theorie der Vorstellungskraft, die jahrhundertelang den meisten Fachphilosophen entgangen war, vermutlich so nicht geschrieben werden können.

Von Oxford kehrte Smith ins Haus seiner Mutter in Kirkcaldy zurück, wo er sich offenbar nach einer Möglichkeit umsah, seinen Lebensunterhalt zu verdienen. Zwei Jahre später leitete eine Gruppe ihm wohlgesonnener Männer, unter ihnen auch ein führendes Mitglied der schottischen Anwaltskammer, Henry Home (ein nachmaliger Richter mit dem Titel Lord Kames), Maßnahmen ein, die dazu führten, daß Smith eine Reihe öffentlicher Vorträge über Rhetorik und Schöne Literatur halten konnte. Obwohl die Vorträge nicht zum Lehrprogramm der Universität Edinburgh gehörten, waren sie gut besucht, zumeist von Studenten der Jurisprudenz und der Theologie, und wurden zwei Jahre lang fortgesetzt, was Smith ein jährliches Einkommen von über 100 Pfund einbrachte. Zumindest während des letzten dieser drei Jahre erweiterte Smith seine Vorträge über Rhetorik und Schöne Literatur im Interesse seiner Studenten der Rechtswissenschaft um eine Vortragsreihe zu juristischen Themen. Den Vorträgen wohnten auch einige ältere Zuhörer bei, die im kulturellen Leben der Stadt eine herausragende Rolle spielten.

Diese Vorträge machten großen Eindruck, und als zum Jahresende 1750 der Lehrstuhl für Logik an der Universität Glasgow vakant geworden war, berief man sogleich Smith, der 1751 die Professur antrat und die Themen seiner Pflichtvorlesungen – Logik und Metaphysik – durch Vorlesungen in Rhetorik und Schöner Literatur, wie er sie in Edinburgh gehalten hatte, ergänzte. Nach seiner Meinung war dieses Fach für seine Studenten »interessanter und nützlicher« (P 273). Es gab allerdings noch einen weiteren guten Grund für ihn, von seinen Vorträgen der letzten Jahre Gebrauch zu machen. Im Sommer 1751, bevor Smith seine Pflichtvorlesungen aufnahm, erkrankte der Professor für Moralphilosophie und erhielt den ärztlichen Rat, während des Winters seinen Aufenthalt in einem Land mit wärmerem Klima zu nehmen. Man bat Smith, neben der Logik auch die Moralphilosophie zu übernehmen. In Glasgow war bekannt, daß in den gut besuchten Vorträgen von Smith in Edinburgh auch Themen zu Recht und Staat behandelt worden waren, und deshalb wurde der Vorschlag gemacht, daß er in seinem Beitrag zu den Vorlesungen über Moralphilosophie die »natürliche Jurisprudenz und Politik« behandeln sollte. (C 5) Da ihm diese zusätzliche Verpflichtung bereits während seines ersten Jahres als Dozent auferlegt wurde, lag es offenbar nahe, die Belastung dadurch zu verringern, daß er einen Teil seines Materials der Edinburgher Vorträge auch für einen Teil seiner Logik-Vorlesungen verwendete.

Smith' Professur auf dem Lehrstuhl für Logik war nur von kurzer Dauer. Der erkrankte Professor für Moralphilosophie, Thomas Craigie, starb im November 1751, und im April des folgenden Jahres wurde Smith zu seinem Nachfolger berufen. Der Fächerkanon in dieser Fakultät (Theologie, Ethik, allgemeine Prinzipien des Rechts und der Staatsführung, Ökonomie) war mehr nach seinem Geschmack als Logik und Metaphysik, obgleich er auch in seinem neuen Amt neben seiner regulären Vorlesung in Moralphilosophie eine Vorlesung über Rhetorik und Literatur hielt. Eine Mitschrift seiner Vorlesung über Logik im Wintersemester 1762/63 wurde 1958 aufgefunden, zusammen mit einer ähnlichen Mitschrift der zweiten Hälfte seiner moralphilosophischen Vorlesung. Eine Zusammenfassung seiner Vorlesungen über »Jurisprudenz« (Recht, Staatsführung und Wirtschaftswissenschaft) aus dem Wintersemester 1764/65 war bereits 1895 entdeckt worden.

Zwölf Jahre lang hatte Smith den Lehrstuhl für Moralphilosophie in Glasgow inne. Er war ein hochgeschätzter Professor. Obgleich er die Eloquenz Hutchesons, seines Lehrers und des Vorgängers Craigies, nicht erreichen konnte, hatte Smith eine Begabung zu klarer Gliederung und glücklich gewählten Beispielen, und seine jeweiligen Theorien zeigten mehr Originalität, einen größeren inneren Zusammenhang und einen schärferen Blick für Probleme als die Theorien Hutchesons. Wie Hutcheson nahm auch Smith seine Verantwortung gegenüber den Studenten sehr ernst. Er hielt seine regulären oder »öffentlichen« Vorlesungen zu früher Stunde an jedem Werktag, gefolgt von einer informellen Diskussion oder »Prüfung« später am Morgen und hielt dann um die Mittagszeit seine zusätzliche oder »private« Veranstaltung über Rhetorik ab. Ausgewählten Studenten gab er Privatkurse, und er achtete besonders sorgfältig auf das gesundheitliche Wohlbefinden und die persönliche Entwicklung von Studenten, die als private Kostgänger in seinem Haus wohnten. Auch in der Universitätsverwaltung leistete Smith Außergewöhnliches. Er unterzog sich den damit verbundenen Anstrengungen bereitwilliger als die Mehrzahl seiner Kollegen und galt auf diesem Gebiet als besonders fähig. Sechs Jahre lang bekleidete er das Amt des College-Quaestors (Schatzmeisters), weit länger, als dies üblich war, und in den letzten Jahren seiner Zeit in Glasgow fungierte er als Dean of Faculty (Präsident der schottischen Anwaltskammer), Stellvertretender Rektor und Vorsitzender eines besonderen Ausschusses, der zu dem Zweck ins Leben gerufen worden war, einen seit längerem schwelenden Konflikt um die Befugnisse des Prinzipals gegenüber denen des Rektors zu schlichten. Wenn der Universität schwierige Verhandlungen mit Gremien außerhalb ihrer Mauern bevorstanden, etwa mit dem Stadtrat von Glasgow oder dem Schatzministerium in London, wurde zumeist Smith gebeten, die Verhandlungen zu führen. Obwohl er sich einen Ruf wegen seiner Zerstreutheit erworben hatte, war er in praktischen Dingen offensichtlich ebenso pragmatisch wie tüchtig.

Smith' Vorlesungen über Moralphilosophie bestanden aus drei Teilen, natürliche Theologie, Ethik und Jurisprudenz. Damit folgte er der Praxis seines Vorgängers und überhaupt der allgemeinen Tradition der schottischen Moralphilosophie jener Zeit.

Über den Inhalt seiner Vorlesungen über natürliche Theologie wissen wir nichts. In einem zusammenfassenden Bericht von John Millar, ursprünglich ein Schüler und später ein Kollege und Freund von Smith, heißt es lediglich, in diesem Teil seiner Veranstaltung »behandelte (Smith) die Beweise für die Existenz und die Eigenschaften Gottes sowie jene Grundsätze des menschlichen Denkens, auf die die Religion gegründet ist« (P 274). Gewisse Anhaltspunkte für seinen Zugang zum letzteren Gegenstand finden sich in einem Kapitel der *Theorie der ethischen Gefühle,* wo er davon spricht, daß Gottheiten ursprünglich der Gegenstand religiöser Furcht waren und in ihren Gefühlen und Leidenschaften als menschenähnlich vorgestellt wurden. Die darin verborgene Annahme, daß es der Mensch ist, der die Götter nach seinem eigenen Bilde schafft, mag die Klage einiger Hörer verständlicher machen, daß Smith' Vorlesungen über natürliche Theologie »allzusehr der menschlichen Eitelkeit (schmeichelten)«.

Aus dem zweiten Teil seiner Vorlesungen – über Ethik – wurde schließlich die *Theorie der ethischen Gefühle.* Smith hatte die Neigung, beim Studium eines Gegenstandes sich diesem zunächst historisch zu nähern, um anschließend aus Betrachtungen der Geschichte seine eigenen Ideen zu formen. Wir haben Grund zu der Annahme, daß seine Vorlesungen über Ethik in ihrer frühesten Form mit einem historischen Überblick der Moralphilosophie von Plato bis Hume begannen. In seiner eigenen ethischen Theorie wählte er denselben Ausgangspunkt wie sein Lehrer Hutcheson und Hume, der mittlerweile sein Freund geworden war, bewegte sich jedoch in eine neue Richtung, um bestimmte Schwächen in deren Positionen zu vermeiden. Es gibt außerdem eindeutige Belege, daß Smith seine ethische Theorie in wesentlichen Teilen in den zwölf Jahren als Professor für Moralphilosophie, d. h. in der Zeit vor und nach dem Erscheinen der ersten Auflage der *Theorie der ethischen Gefühle* im Jahr 1759 entwickelt hat.

Der dritte Teil seiner Vorlesungen, der sich mit der Jurisprudenz befaßt, wird von John Millar als ein dritter und vierter Teil beschrieben, wobei es im dritten um »Gerechtigkeit« in der Form einer Geschichte des Rechts und der Regierungsformen und im vierten um »Eigennutz« ging, dem Hauptthema von *Der Wohlstand der Nationen*. Es hat jedoch den Anschein, daß Smith zunächst die Ökonomie nicht als etwas von der Geschichte des Rechts und der Gesellschaft Getrenntes aufgefaßt hat. Beides nahm er in seine Vorlesungen über »Jurisprudenz« mit auf, wie sich aus den beiden Mitschriften ergibt, die von diesen Vorlesungen erhalten geblieben sind, eine ausführliche, aber unvollständige Mitschrift der Vorlesungen von 1762/63 und eine eher summarische, aber vollständige Darstellung der Vorlesungen von 1763/64. Die Ökonomie ist ein wesentlicher Bestandteil im Mechanismus der Gesellschaft, und Smith war überzeugt, daß Anzeichen für ihre Entwicklung häufig am ehesten an Veränderungen in der Geschichte des Rechts abgelesen werden konnten. Die grundlegende historische und soziologische Orientierung mit der Freiheit als oberstem Wert verdankt manches Montesquieu, während die detaillierte Darstellung der rechtlichen und wirtschaftlichen Struktur auf einem Fundament aufbaut, das wiederum von Hutcheson übernommen ist; doch Smith' Weiterentwicklung der Ideen seiner Vorgänger, seine Formulierung einer wohlbegründeten, komplexen und in sich schlüssigen Theorie des sozialen Wandels und des ökonomischen Prozesses ist wesentlich stärker ausgeprägt als seine Originalität in der ethischen Theorie und liegt für alle offen zutage. Wie bei seinen Ethikvorlesungen läßt sich auch hier erkennen, daß Smith sowohl seine ökonomische Theorie als auch seine Rechtsgeschichte während seiner jährlichen Vorlesungen aktiv weiterentwickelte.

Eine von Smith' eigenen Bemerkungen über sein Vorlesungsverfahren ist uns schriftlich überliefert. Um das Interesse seiner Zuhörerschaft zu prüfen, hielt er sein Auge stets auf einen Studenten gerichtet, der für ihn eine besonders ausdrucksvolle Körperhaltung hatte. »Beugte dieser sich nach vorn, um zuzuhören, war alles in Ordnung, und ich wußte, daß ich das Ohr meiner Hörer hatte; wenn er sich jedoch zurücklehnte und eine teilnahmslose Haltung einnahm, merkte ich sofort, daß nichts mehr richtig ging und daß ich entweder ein anderes Thema anschlagen oder den Stil meines Vortrags ändern mußte.«[5]

Umstritten ist eine andere Angewohnheit von Smith während seiner Vorlesungen. Als er 1790 starb, erwähnte ein anonymer Nachruf in *The Gentleman's Magazine*, während seiner Zeit als Professor in Glasgow habe er Plagiate gefürchtet und Studenten, die sich Notizen machten, mit den Worten gerügt, »ich mag keine Schreiberlinge«. Andererseits schrieb John Millar, der es zweifellos wissen mußte, von der »Erlaubnis gegenüber den Studenten, sich Aufzeichnungen zu machen«, was zur Folge hatte, daß viele von Smith' Feststellungen in seinen Rhetorikvorlesungen durch die Werke anderer verbreitet wurden (P 274). Die umfangreiche, von einem (oder zwei) Studenten angefertigte Mitschrift von Smith' Vorlesungen im Winter 1762/63, über die wir heute verfügen, lassen die Anekdote in dem anonymen Nachruf wenig glaubhaft erscheinen. Eine andere Interpretation dieser Geschichte taucht in einer anonymen Biographie von Smith auf, die einer 1809 in Glasgow erschienenen Ausgabe der *Theorie der ethischen Gefühle* als Vorwort vorangestellt und wahrscheinlich von einem von Smith' ehemaligen Kollegen verfaßt wurde. Bei diesem Autor lesen wir, daß Smith sich unbehaglich fühlte, »wenn er beobachtete, daß in seinem Kurs Notizen (von seinen Vorlesungen) gemacht wurden«, weil diese, »um einigermaßen vollständig zu sein, in großer Eile niedergeschrieben werden müssen, was jegliche Genauigkeit verhindert, und wenn sie in diesem Zustand anderen Leuten gezeigt werden, so ist es leicht möglich, daß Fehler ebenso dem Original wie der Kopie zugerechnet werden«.[6]

Von den Studenten selbst kamen keine Beschwerden über die Vorlesungspraxis von Smith, im Gegenteil. Als er die Universität 1764 verließ, war das akademische Jahr erst zur Hälfte verstrichen, und obwohl er sich um einen Stellvertreter kümmerte, der in seinem Namen seiner Vorlesungspflicht genügte, hielt er es für angemessen, seinen Studenten die Gebühren, die sie für dieses Jahr entrichtet hatten, zurückzuerstatten. (Die Studiengebühren wurden unmittelbar an den Professor einer Lehrveranstaltung gezahlt und bildeten den Hauptteil seines Gehalts.) Die Studenten protestierten heftig. Der erste, den Smith aufrief, um ihm sein Geld zurückzuzahlen, »weigerte sich entschieden, es anzunehmen, und erklärte, daß die Unterweisung und das Vergnügen, die er bereits genossen habe, weit mehr waren als das, was ihm erstattet werden sollte oder was er je vergüten könne, und ein allgemeines Rufen desselben Inhalts war im Saal zu vernehmen«. Smith bestand indessen darauf, er sei es seinem Gewissen schuldig, die Gebühren zurückzuerstatten, und steckte das Geld dem jungen Mann in dessen Tasche.

Zu dieser Zeit hatte Smith sich sowohl in Großbritannien als auch auf dem europäischen Kontinent durch die Veröffentlichung seiner 1759 erstmals erschienenen *Theorie der ethischen Gefühle* einen beachtlichen Ruf erworben. Der unmittelbare Erfolg dieses Buches in London wird von David Hume in einem der ergötzlichsten seiner Briefe geschildert. Nachdem er Smith durch einige Geschichten gequält hatte, die für diesen die Spannung erhöhen sollten, schickte er seinem Bericht über die Aufnahme des Buches die Warnung voraus, daß die Philosophie nur von einigen Auserwählten wahrhaft gewürdigt werden könne und daß »der Beifall der Menge« eher der Falschheit als der Wahrheit gelte.

»Indem ich also annehme, daß Sie sich durch all diese Betrachtungen auf das Schlimmste vorbereitet haben, fahre ich fort, um Ihnen die betrübliche Nachricht mitzuteilen, daß Ihrem Buch ein unglückliches Schicksal beschieden war, denn das Publikum schien geneigt, ihm höchlichst Beifall zu spenden. Es wurde von diesen närrischen Menschen mit einiger Ungeduld erwartet, und der Mob der gebildeten Stände hat bereits laut und vornehmlich sein Loblied angestimmt. Drei Bischöfe sprachen gestern in Millar's Buchladen vor, um je ein Exemplar zu erstehen und Fragen über den Autor zu stellen. Der Bischof von Peterborough sagte, er habe den Abend in einer Gesellschaft verbracht, wo er es über alle Bücher in der Welt habe rühmen hören. Sie mögen daraus schließen, welche Meinung wahre Philosophen von ihm hegen werden, wenn diese Hüter des Aberglaubens es dermaßen zu loben wissen ... Millar frohlockt und prahlt, zwei Drittel der Auflage seien bereits verkauft, und er sei sich nunmehr des Erfolgs sicher. Sie sehen selbst, was für ein Sohn der Erde er ist, der den Wert eines Buches allein nach dem Gewinn bemißt, den es ihm einbringt. In dieser Hinsicht bin ich überzeugt, daß es sich als ein sehr gutes Buch erweisen wird.« (C 35)

Trotz des versteckten Hinweises, der nicht nur ironisch gemeint war, daß Hume dieses Buch unter rein philosophischen Gesichtspunkten nicht für ein »sehr gutes Buch« hielt, war seine Freude echt, daß seinem Freund ein literarischer Erfolg beschieden war, den sein erstes Buch nie erlebt hatte. In seinem Brief schreibt er des weiteren, einer der führenden Köpfe, auf die das Werk Eindruck gemacht hatte, sei Charles Townshend, der die Absicht hegte, seinem Stiefsohn, dem jungen Herzog von Buccleuch, auf dessen obligatorische Bildungsreise Adam Smith als Begleiter beizugeben. Vier Jahre später machte Townshend Smith ein formelles Angebot; Smith nahm an und gab infolgedessen seinen Lehrstuhl in Glasgow auf. Die Bedingungen des Angebots von Townshend waren ein jährliches Gehalt von 500 Pfund sowie, nach Beendigung der Reise, eine lebenslange Rente von jährlich 300 Pfund (wahrscheinlich mehr als Smith in Glasgow verdiente).

Der Ruhm der *Theorie der ethischen Gefühle* verbreitete sich rasch auch außerhalb Englands. Das Buch wurde in den literarischen Salons in Paris gelesen und bewundert und bald ins Französische übersetzt. In Genf erlangte es solche Bekanntheit, daß Dr. Théodore Tronchin, ein hervorragender Arzt dieser Stadt, 1761 beschloß, seinen Sohn nach Glasgow zu schicken und bei Adam Smith studieren zu lassen. Im selben Jahr kamen aus Moskau zwei Studenten, S. E. Desnitsky und I. A. Tretjakov, in der gleichen Absicht dorthin. Beide müssen eine vollständige Mitschrift der juristischen Vorlesungen Smith' mit zurückgebracht haben, denn ihre eigenen Vorlesungen als spätere Rechtsprofessoren an der Universität Moskau umfaßten auch eine Wiederholung der Auffassungen Smith' in enger Anlehnung an die Formulierungen der Mitschriften, die 1762/63 und 1763/64 von seinen Vorlesungen in Glasgow angefertigt wurden.

Smith' Wohnhaus in Glasgow bot ihm reichlich Möglichkeit, mit Kaufleuten der Stadt zusammenzukommen, die sich vor allem dem einträglichen Tabakhandel widmeten. Er war regelmäßiger Besucher dreier Klubs, der wichtigste davon der Political Economy Club, gegründet von Andrew Cochrane, einem führenden Kaufmann und Bankier, »zur Untersuchung der Natur und der Prinzipien des Handels in allen seinen Zweigen«. In späteren Jahren, als Smith ausführliche Informationen für sein Werk *Der Wohlstand der Nationen* sammelte, verdankte er einige davon Cochrane. Gespräche mit Cochrane und anderen prominenten Glasgower Kaufleuten wie William Cunninghame, Alexander Spiers, John Glassford und James Ritchie müssen Smith eine Vorstellung von der wirklichen Welt des Handels vermittelt haben. Es verdient jedoch festgehalten zu werden, daß seine Überzeugung von den Vorzügen des Freihandels diesen Männern nichts verdankt. Deren Erfahrung machte sie zu Anhängern des Merkantilsystems. Die eindrucksvolle Zunahme des Handels in Glasgow um die Mitte des 18. Jahrhunderts ging zu einem Großteil auf den Schutz durch die Navigationsakte zurück. Nach dem Zeugnis eines dieser Kaufleute, James Ritchie, hat es jedoch den Anschein, daß Smith viele von ihnen zum Freihandel bekehrte.

Im Januar 1764 verließ Adam Smith Glasgow, um seine

neue Stelle als Reisebegleiter des Herzogs von Buccleuch anzutreten. Die beiden reisten im Februar nach Frankreich, hielten sich einige Tage in Paris auf und kamen schließlich in Toulouse an, wo sie die folgenden 18 Monate verbrachten. Die Einführung in die höheren Gesellschaftskreise am Ort zog sich anfänglich schleppend dahin, und das Leben war so eintönig, daß Smith in einem Brief mitteilte, er habe »angefangen, ein Buch zu schreiben, um mir die Zeit zu vertreiben« (C 102). Das bedeutet nicht, daß das Projekt zu dem Werk *Der Wohlstand der Nationen* in Toulouse begonnen wurde. Am Ende der *Theorie der ethischen Gefühle* hatte Smith die Absicht verkündet, »in einer anderen Abhandlung ... die allgemeinen Prinzipien des Rechtes und der Regierung« (TeG 570) darzulegen, die zweifellos die Wirtschaft als Bestandteil der Regierung einschließen sollte, wenn man dem Muster seiner rechtswissenschaftlichen Vorlesungen folgt. Einige Zeit später hatte er anscheinend beschlossen, ein eigenes Buch über die Ökonomie zu schreiben, da sich ein handschriftlicher Entwurf einer frühen Fassung des ersten Teils des *Wohlstands der Nationen* erhalten hat, der vor Smith' letztem akademischem Jahr in Glasgow abgefaßt wurde. Ein Brief des Glasgower Kaufmanns John Glassford, den er Ende 1764 an Smith in Frankreich abgeschickt hat, bringt die Hoffnung zum Ausdruck, daß »das nützliche Werk, das hier so gut gediehen ist«, auch weiterhin gute Fortschritte macht. (C 104)

Nach einigen Monaten hatte Smith schließlich in Frankreich etliche Bekanntschaften gemacht und die Sprache gelernt. Der jüngere Bruder des Herzogs von Buccleuch, Hew Scott, schloß sich ihnen im Herbst an. Sie besuchten einige Orte in Südfrankreich, und im Oktober 1765 zogen sie nach Genf, wo sie zwei Monate verbrachten. In Genf stellte Dr. Tronchin Adam Smith jedem vor, der sich einen Namen gemacht hatte, darunter auch Voltaire, mit dem Smith fünf- oder sechsmal zusammentraf. Smith empfand einen tiefen Respekt gegenüber Voltaire, nicht nur als Geißel der Fanatiker, sondern auch als Schriftsteller. Seine Bewunderung für

Voltaires Tragödien ist übertrieben, aber er hatte guten Grund, Voltaires Dienste als Publizist im Namen der Gerechtigkeit zu schätzen. In der letzten Ausgabe der *Theorie der ethischen Gefühle* schreibt Smith bewegend vom Prozeß gegen den Protestanten Jean Calas, der 1762 in Toulouse irrtümlich wegen Mordes an seinem Sohn verurteilt und hingerichtet wurde. Der Protest Voltaires war hauptsächlich dafür verantwortlich, daß der Fall 1765 noch einmal aufgerollt und das ursprüngliche Urteil aufgehoben wurde. Das Ergebnis wurde von der Stadtbevölkerung nicht gut aufgenommen, und Smith muß während seines Aufenthalts in Toulouse erbitterte Diskussionen um den Vorfall mitangehört haben.

Von Genf aus reiste Smith mit seinen jungen Schutzbefohlenen nach Paris, wo sie Anfang des Jahres 1766 ankamen und bis Ende Oktober desselben Jahres blieben. In Paris war ihr gesellschaftliches Leben so bewegt, wie es in Toulouse eintönig gewesen war. Die feine Gesellschaft in der britischen Gemeinde in Paris stand natürlich einem Duke und einem Stiefsohn des Politikers Charles Townshend völlig offen. Smith selbst hatte verständlicherweise seine eigenen Möglichkeiten, sich durch seine Freundschaft mit Hume, der als britischer Botschafter soeben Paris verlassen hatte, Zugang zu britischen und französischen Prominenten zu verschaffen. Ebenso wie Hume war Smith bei den gebildeten Damen der Pariser Salons sehr beliebt. Eine von ihnen, Madame Riccoboni, eine Schauspielerin und erfolgreiche Romanautorin, schrieb über ihn in Briefen an David Garrick: »Ich schätze Mr. Smith, ich schätze ihn sehr. Ich wollte, der Teufel holte alle unsere Literaten, alle unsere Philosophen, und brächte mir Mr. Smith.« »Sie werden einen ebenso moralischen wie praktisch denkenden Philosophen zu Gesicht bekommen; vergnügt, lachend, meilenweit entfernt von der Pedanterie der unsrigen.« Und an einer anderen Stelle heißt es über Smith' Vergeßlichkeit: »Er ist das zerstreuteste Geschöpf! aber von der liebenswürdigsten Art.«[7]

Neben den Salons besuchte Smith regelmäßig das Pariser Theater. Aber er fand auch genügend Zeit für ernsthaftere Beschäftigungen. Häufig nahm er an Versammlungen der Gruppe französischer Ökonomen teil, die später als »Physiokraten« berühmt wurden. Ihr führender Kopf Quesnay war Leibarzt des Königs, und die Gruppe traf sich gewöhnlich in einer seiner beiden Wohnungen in Paris oder Versailles. Die Physiokraten waren der Meinung, die Landwirtschaft sei die einzige Quelle des nationalen Reichtums, weil sie allein einen echten Überschuß über die Produktionskosten hinaus erzielte; andere Produktionsformen machten lediglich Gebrauch von den landwirtschaftlichen Erzeugnissen und verwandelten sie in gebrauchsfertige Güter. Deshalb sollte die Regierung vor allem die Landwirtschaft fördern und nicht, wie die Merkantilisten meinten, Handel und Gewerbe. Eines der jüngeren Mitglieder dieser Gruppe, Dupont de Nemours, gab später die Werke Turgots heraus, und in einer seiner Anmerkungen heißt es von Adam Smith, dieser sei einer der »Jünger« Quesnays in Paris gewesen. Smith war aber kein Jünger Quesnays. Die Grundprinzipien seines ökonomischen Denkens hatte er schon lange, bevor er nach Paris kam, ausgearbeitet. Zu ihnen gehörte der Freihandel und die Auffassung, daß der eigentliche Reichtum eines Landes nicht aus Geld, sondern aus Waren besteht, Anschauungen, die er mit den Physiokraten gegen die Merkantilisten teilte, aber wenn er sie überhaupt jemandem verdankte, dann Hutcheson und Hume, nicht aber Quesnay. Natürlich war er bereit, von den französischen »Ökonomisten« ebenso zu lernen wie sie von ihm. Er teilte nicht ihre Meinung von der überragenden Bedeutung der Landwirtschaft, dachte aber gut genug von ihnen, um in seinem *Wohlstand der Nationen* zu schreiben, diese Wirtschaftsordnung komme, »trotz aller Unvollkommenheit, unter allen Systemen, die bislang als Gegenstand der Politischen Ökonomie entwickelt worden sind, der Wahrheit vielleicht am nächsten« (WN 574). Er hatte eine hohe persönliche Meinung von Quesnay und hegte ursprünglich die

Absicht, ihm sein Buch *Der Wohlstand der Nationen* zu widmen, doch als es dann erschien, lebte Quesnay nicht mehr.

Die Wärme der Empfindungen, die Smith für Quesnay hegte, beruhte auf mehr als ihrem gemeinsamen Interesse an ökonomischen Fragen. Als der Herzog von Buccleuch und später sein Bruder erkrankten, willigte Quesnay in Smith' Bitte ein, sich persönlich um sie zu kümmern. Der Herzog gesundete im Sommer von seinem Fieber, aber Hew Scotts Erkrankung im Oktober war tödlich. Smith selbst wich kaum vom Bett des jungen Mannes. Außer Quesnay und dem Arzt der britischen Botschaft bat Smith seinen alten Freund Tronchin in Genf um Hilfe, aber alle ihre Bemühungen waren vergeblich. Smith' Briefe an Lady Frances Scott, die Schwester seiner beiden Schüler, geben in zutiefst bewegender Weise ebenso Zeugnis von seinem Kummer und seiner Fürsorge wie die bloße Tatsache, daß er die Briefe an sie und nicht an ihren Stiefvater richtete, so daß sie ihrer Mutter die Nachricht so beibringen konnte, wie sie es für am besten hielt. Der Tod von Hew beendete den Aufenthalt in Frankreich. Smith und der Herzog von Buccleuch kehrten am 1. November 1766 mit dem Leichnam Hews nach London zurück.

Einige Monate später fand Smith sich im Haus seiner Mutter in Kirkcaldy wieder. Dort blieb er bis 1773 und arbeitete fast ohne Unterbrechung an seinem Buch. Er hatte gehofft, es früher beenden zu können. Aus einem Brief Humes vom Februar 1770 geht hervor, daß Smith zu dieser Zeit im Begriff stand, nach London aufzubrechen, um sich nach einem Verleger umzusehen. Tatsächlich reiste Smith erst im April 1773 nach London, und selbst dann beschäftigte ihn die Überarbeitung des Manuskripts fast noch drei weitere Jahre. Diese Jahre in London verbrachte er allerdings nicht ausschließlich mit der Arbeit an seinem Buch. Er traf sich mit schottischen Landsleuten im British Coffee House und mit einem erlauchten Kreis englischer Berühmtheiten im Literarischen Klub: Sir Joshua Reynolds, Edward Gibbon, Edmund Burke, Samuel Johnson und dessen ständigem Begleiter James Boswell, Oliver Goldsmith, den Orientalisten Sir William Jones und David Garrick. Es hat den Anschein, als hätten seine Gesprächspartner im Klub an der Unterhaltung mit ihm eher das Lehrreiche als das Lebendige geschätzt, ein gänzlich anderes Bild als das, das uns die literarisch interessierten Damen aus den Pariser Salons übermittelt haben. Vielleicht war er in den dazwischenliegenden Jahren schwerfällig geworden, erdrückt von der Masse der materiellen Fakten, die er in seinem Buch behandelte; oder vielleicht ist das Bild verzerrt, weil die meisten Äußerungen von Boswell stammen, der zu dieser Zeit seine Zuneigung zu seinem alten Professor verloren hatte, mittlerweile ein »erklärter Ungläubiger« und ein Mann, dessen Beziehungen zu Johnson von beiden Seiten durch Förmlichkeit geprägt waren. Eine gefälligere Schilderung von Smith in London verdanken wir Benjamin Franklin, von dem wir wissen, daß Smith jedes Kapitel des geplanten Buches ihm, Richard Price (Moralphilosoph und Autor über Staatsfinanzen) und anderen vorlas, geduldig ihre Kritik anhörte und ihnen dann eine überarbeitete Fassung des Vorgelesenen vortrug. Smith hat zweifellos viele wertvolle Informationen über die Vereinigten Staaten von Franklin erhalten, so wie er seine Informationen über Frankreich neben eigenen Beobachtungen in diesem Land seinen Freundschaften mit Quesnay, Turgot und anderen Physiokraten verdankte. In einem seiner Briefe kanzelte er allerdings Richard Price sehr zu Unrecht ab, er sei »ein vom Parteiengeist beseelter Bürger, ein höchst oberflächlicher Philosoph und ein keineswegs fähiger Rechner« (C 290).

Der Wohlstand der Nationen erschien schließlich am 9. März 1776 und hatte einen sofortigen und vernehmlichen Erfolg. Smith' Freunde lobten die Verdienste des Buches in den höchsten Tönen, glaubten indessen, ein so gelehrtes und vielseitiges Werk könne unmöglich populär werden. In diesem Punkt irrten sie. Die erste Auflage war innerhalb von sechs Monaten vergriffen. Der erste Band von Gibbons *History of the Decline and Fall of the Roman Empire* war wenige Wochen zuvor im selben Verlag erschienen. Hume äußerte sowohl Smith als auch dem Verleger Strahan gegenüber, beide Bücher seien ausgezeichnet, aber das von Smith erfordere »zuviel Gedankenarbeit«, um dieselbe Popularität wie das von Gibbon zu erlangen, aber Gibbon selbst fand den Grund heraus, warum der Verkauf von Smith' Werk alle Erwartungen übertraf: es habe »die tiefsten Ideen in der verständlichsten Sprache zum Ausdruck gebracht«.[8] Das Buch ist die Darstellung eines höchst komplizierten Gedankengeflechts, aber fast immer in bemerkenswert einfachen Begriffen ausgedrückt, mit vertrauten Beispielen illustriert und einer Vielzahl einprägsamer Lehrsätze. Gebe Gott, daß die Ökonomen von heute diese Kunst für sich wiederentdeckten!

Humes erste Reaktion auf das Werk, wenngleich weniger amüsant als sein Brief über den Erfolg der *Theorie der ethischen Gefühle*, verdient dennoch wegen der Warmherzigkeit und Aufrichtigkeit seiner ersten Worte zitiert zu werden. Hume hatte selbst zwar kein Buch über Ökonomie geschrieben, aber seine eigenen Beiträge zu diesem Gegenstand zeigten die gleiche durchdringende Geistesschärfe, wie sie denen vertraut ist, die sich mit seinem philosophischen Werk beschäftigen. Die beiden ersten Worte seines Briefes bringen eine beispiellose Begeisterung zum Ausdruck. Das eine ist Griechisch, das andere Lateinisch, und sie bedeuten »Gut gemacht! Glänzend!«

»Euge! Belle! Lieber Mr. Smith: Ich bin sehr erfreut über Ihre Arbeit, und deren sorgfältige Prüfung hat mich aus einem Zustand schlimmer Befürchtungen erlöst. Es war ein Werk, auf das sich so viele Erwartungen richteten, von Ihnen selbst, Ihren Freunden und dem Publikum, daß ich seinem Erscheinen mit Bangen entgegensah; doch jetzt bin ich sehr erleichtert. Zwar erfordert die Lektüre notwendig viel Aufmerksamkeit, und das Publikum ist so wenig davon aufzubringen bereit, daß ich auf einige Zeit noch meine Zweifel hege, ob es binnen kurzem große Popularität erlangen wird:

Aber es hat Tiefe, Hand und Fuß und Scharfsinn, und es enthält so viele denkwürdige und anschauliche Beispiele, daß es schließlich doch die Aufmerksamkeit des Publikums erregen muß.« (C 186)

Hume und Smith waren seit langem die engsten Freunde. Smith bewunderte Hume mehr als jeden anderen in der Welt. Von Hume hatte er in der Philosophie, in der Ökonomie und vielleicht vor allem in der Kritik der Religion gelernt, obgleich er nicht bereit war, sich zu diesem Thema ebenso unverblümt zu äußern wie Hume. Er hielt Hume für den größten Philosophen seiner Zeit, und obwohl er in manchen Fragen der ethischen Theorie Humes Meinung nicht teilte, war er doch überzeugt, daß Humes persönlicher Charakter und sein Verhalten ein vollkommenes Beispiel moralischer Rechtschaffenheit boten.

Hume hatte nur noch wenige Monate zu leben, als *Der Wohlstand der Nationen* im Frühjahr 1776 erschien. Als Folge einer Magenkrankheit war es ständig mit ihm bergab gegangen. Er starb am 25. August. Ihm war besonders viel daran gelegen, daß seine *Dialoge über natürliche Religion* unmittelbar nach seinem Tod veröffentlicht würden, und nur unter großen Schwierigkeiten konnte er Smith überreden, sich um die Drucklegung dieses Werks zu kümmern. Smith' Widerstreben hatte wohl weniger damit zu tun, daß er unliebsame Folgen für sich selbst befürchtete, als mit seiner festen Überzeugung, daß das odium theologicum Humes eigenem Ruf schaden werde. Schließlich wurde Smith um einen anderen Freundschaftsdienst gebeten. Hume hatte eine kurze Autobiographie verfaßt, die nach seinem Tod veröffentlicht werden sollte. Smith war so beeindruckt von Humes Mut und seelischer Haltung angesichts des Todes, daß er beschloß, der Autobiographie eine knappe Schilderung von Humes letzten Tagen beizugeben. Zu ihr sollte eine respektlos witzige, durch die Lektüre von Lukians *Dialogen der Abgeschiedenen* angeregte Erzählung über eine Unterhaltung gehören, die Hume mit Charon führte, dem Fährmann, der in der klassischen Mythologie die Seelen der Toten über den Styx rudert. Smith endete seinen Bericht mit einem Satz, der auf Platons Würdigung des Sokrates am Ende seines Berichts über den Tod des Meisters gemünzt war. Smith schrieb, er habe Hume stets für jemanden gehalten, der »der Idee von einem vollkommen weisen und tugendhaften Menschen so nahegekommen war, wie es die Natur der menschlichen Schwäche überhaupt nur zuläßt« (C 221).

Konventionelle Christen waren empört. Wie konnte ein Atheist vollkommen tugendhaft sein? Smith selbst, so warfen sie ihm vor, befürworte den Atheismus, wenn er durch das Beispiel Humes behauptete, er biete einen Schutz gegen die Todesfurcht. Smith bemerkte dazu bekümmert in einem Brief:

»Ein einziges und, wie ich glaubte, völlig unschuldiges Blatt Papier, das ich über den Tod unseres verblichenen Freundes Hume geschrieben habe, trug mir zehnmal mehr an Schmähungen ein als der äußerst heftige Angriff, den ich auf das gesamte System des Handels und Gewerbes in Großbritannien geführt habe.« (C 251)

Im Jahr 1777 wurde Smith auf seine Bewerbung hin zum Zollkontrolleur von Schottland in Edinburgh ernannt. Die Stelle verschaffte ihm jährliche Einkünfte von 600 Pfund, so daß er daran dachte, auf die vom Herzog von Buccleuch ausgesetzte Rente von 300 Pfund zu verzichten. Der Herzog bestand indessen darauf, daß diese Rente ihm auf Lebenszeit gewährt und an keinerlei Bedingungen geknüpft sei und ihm deshalb auch weiterhin zustehe. So verbrachte Smith seine letzten Lebensjahre in Edinburgh als vergleichsweise reicher Mann. (Tatsächlich gab er jedoch einen Großteil seiner Einkünfte insgeheim für wohltätige Zwecke aus.) Er bezog ein schönes Haus in Canongate und brachte seine Mutter und seine Cousine Janet Douglas aus Kirkcaldy mit. Wenig später nahm er auch einen Neffen von Janet ins Haus, David Douglas, den er schließlich zu seinem Erben machte. Während der meisten Zeit im Jahr kamen die Zollkontrolleure viermal in der Woche zusammen, und abgesehen von einem kurzen

Besuch in London 1782 und einem längeren Aufenthalt ebendort 1787 nahm Smith regelmäßig an den Zusammenkünften teil. Die Gesellschaft seiner Freunde bedeutete ihm viel. Er hielt eine offene Tafel am Sonntag, und freitags fand er sich mit zwei namhaften Naturwissenschaftlern, Joseph Black und James Hutton, den späteren Verwaltern seines literarischen Nachlasses, zu einem »Austernklub« zusammen. Der Name dieses Klubs legte die Vermutung nahe, daß seine Mitglieder Feinschmecker waren, doch wie es sich ergab, waren alle drei mehr an der Unterhaltung als an Essen und Trinken interessiert. Black war Vegetarier, Hutton Abstinenzler, und Smiths besondere Vorliebe galt Zuckerstücken. An seiner Sonntagstafel nahm Janet Douglas stets nach einiger Zeit die Zuckerdose auf ihren Schoß, weil er sie sonst leergeplündert hätte.

Während Smith' Besuch in London 1787 traf er sich mehrmals mit dem jüngeren Pitt, einem glühenden Bewunderer des *Wohlstands der Nationen* und leidenschaftlichen Befürworter von Smith' Freihandelsprinzipien. Es wird erzählt, daß sich bei ihrem ersten Zusammentreffen die ganze Gesellschaft bei Smith' Ankunft von ihren Plätzen erhoben habe, und als Smith die Anwesenden bat, sich doch wieder zu setzen, erwiderte Pitt: »Nein, wir möchten stehenbleiben, bis Sie Platz genommen haben, denn wir alle sind Ihre Schüler.« Smith seinerseits konnte die Bewunderung durch Pitt erwidern, nachdem er ihn etwas näher kennengelernt hatte. Nach einer anderen Anekdote sagte Smith auf einem Abendessen, an dem beide teilnahmen, zu seinem Tischnachbarn: »Pitt ist wirklich ein ungewöhnlicher Mann; er versteht meine Ideen besser als ich selbst.«[9]

Möglicherweise hat Pitt den *Wohlstand der Nationen* von allen Lesern am meisten geschätzt, aber das Buch übte auch sonst einen praktischen Einfluß aus, etwa bei der Einführung neuer Steuerformen, wie Adam Smith sie empfohlen hatte, durch Lord North in den Budgets von 1777 und 1778 oder bei einer Anhörung Smith' durch Mitglieder der Regierung 1778 über die gegenüber Amerika einzuschlagende Politik und 1779 über den Vorschlag, Irland die Vorteile des Freihandels zu gewähren. Das Buch selbst wurde 1778 in einer zweiten, überarbeiteten Auflage nachgedruckt, erschien 1784 in einer beträchtlich erweiterten Fassung und erlebte 1786 und 1789 zwei weitere Auflagen. Inzwischen war das Buch ins Französische (drei verschiedene Fassungen!), Deutsche, Dänische und Italienische übersetzt worden.

Gegen Ende seines Lebens verbrachte Smith viele Monate mit der Niederschrift einer erweiterten Fassung seines ersten Buchs, der *Theorie der ethischen Gefühle.* Wie er selbst schrieb, war er außerdem mit der Arbeit an zwei weiteren Büchern beschäftigt, das eine »eine Art Philosophiegeschichte« der Literatur und »Philosophie« (worunter zweifellos auch die Naturwissenschaften fielen), das andere »eine Art Theorie und Geschichte des Rechts und des Staates« (C 287). Nach seinen Worten hatte er bereits den größten Teil des Materials gesammelt und auch schon gewisse Fortschritte bei der Niederschrift gemacht. Diese Bücher wurden jedoch nie beendet, und eine Woche vor seinem Tod bat er Black und Hutton, alle seine Manuskripte zu verbrennen, 16 Bände, ausgenommen ein paar Arbeiten, die später unter dem Titel *Essays on Philosophical Subjects* veröffentlicht wurden. Diese geben in Verbindung mit der Mitschrift seiner Vorlesungen über Rhetorik und Schöne Literatur 1762/63 eine gewisse Vorstellung davon, was das erste der beiden geplanten Bücher enthalten sollte, so wie die Mitschriften und Zusammenfassungen seiner juristischen Vorlesungen einige Hinweise auf den Inhalt des zweiten geben. Wenn man jedoch den letzten Teil der juristischen Vorlesungen mit dem *Wohlstand der Nationen* vergleicht, dann wird deutlich, daß die geplanten Bücher, hätte Smith die Arbeit an ihnen vollenden können, den anfänglichen Schriften, die ihren Ausgangspunkt bildeten, weit überlegen gewesen wären.

Adam Smith starb 1790 im Alter von 67 Jahren. Begraben wurde er auf dem Canongate-Friedhof, unweit des Hauses in

Edinburgh, in dem er zwölf Jahre lang gelebt hatte. An seinem Grab steht ein schlichtes Denkmal, das die folgende Inschrift trägt:

HIER
RUHEN
DIE ÜBERRESTE VON

ADAM SMITH,

AUTOR
DER
THEORY OF MORAL SENTIMENTS
UND DES
WEALTH OF NATIONS
&CC &CC &CC
GEBOREN AM 5. JUNI 1723
GESTORBEN AM 17. JULI 1790.

3. Ethik

Das erste Kapitel der *Theorie der ethischen Gefühle* trägt die Überschrift »Über Sympathie«; das erste Kapitel von *Der Wohlstand der Nationen* ist überschrieben »Die Arbeitsteilung«. In beiden Fällen handelt es sich um einen deutlichen Hinweis darauf, was für Smith jeweils das Grundlegende ist. Der Hauptgegenstand der *Theorie der ethischen Gefühle* ist das Wesen des moralischen Urteils, und Smith gründet es auf die Sympathie. Der Hauptgegenstand von *Der Wohlstand der Nationen* ist das wirtschaftliche Wachstum, und Smith sieht dessen Grundlage in der Arbeitsteilung.

Sympathie

Es wäre ein Mißverständnis anzunehmen, wie dies einige Kommentatoren des 19. Jahrhunderts getan haben, das erste Buch von Adam Smith behandle die Sympathie als das Motiv moralischen Handelns. Die Rolle der Sympathie in seinem Buch besteht darin, den Ursprung und das Wesen des moralischen Urteils, von Zustimmung und Mißbilligung zu erklären. Zu diesem Zweck gebraucht er das Wort »Sympathie« in etwas ungewöhnlicher Weise; es bedeutet bei ihm nicht nur das Teilen der Gefühle eines anderen, sondern auch das Bewußtsein davon, daß man die Gefühle eines anderen teilt.

Wie es häufig geschieht, wenn ein Philosoph einen Begriff der Alltagsprache aufgreift und in einem speziellen Sinne verwendet, vergißt Smith gelegentlich seine eigene Definition und fällt in die normale Wortbedeutung zurück, aber im allgemeinen sind seine Ausführungen eindeutig.

Mit seinem Begriff der Sympathie versucht Smith, zwei verschiedene Arten des moralischen Urteils oder der moralischen Billigung zu erklären. Das erste ist ein Urteil über die Angemessenheit einer Handlung oder einfacher das Urteil, ob eine Handlung richtig oder falsch ist. Das zweite ist ein Urteil über den Vorzug oder Mangel einer Handlung, das Urteil, ob sie Lob oder Tadel verdient, Belohnung oder Strafe. Nach Smith ist das Gefühl der Billigung, das sich in einem Urteil über richtig und falsch ausdrückt, das Resultat der Sympathie mit dem Motiv des Handelnden. Wir können das Gemeinte an einem einfachen Beispiel verdeutlichen. Wenn ich mit ansehe, wie Alma Fröhlich einer gehbehinderten alten Dame über die Straße hilft, »sympathisiere« ich mit ihrer Freundlichkeit und billige ihr Tun folglich als richtig. Ich hätte in ihrer Lage genauso gehandelt, deshalb muß ich ihr Verhalten als vernünftig und richtig beurteilen. Ich sage, das war von ihr richtig gehandelt. Ein weiteres Urteil, daß dieses Tun lobenswert war, drückt eine zweite Form der Zustimmung aus, die der Sympathie mit dem Dankbarkeitsgefühl der alten Dame entspringt. Wenn ich auf der anderen Seite Hans Grämlich sehe, der nach einer Katze tritt, die ihm vor die Füße läuft, empfinde ich Antipathie gegen Grämlichs mürrische Laune und Sympathie mit dem Groll der Katze. Die Antipathie erzeugt eine Mißbilligung der Tat als etwas Falsches, und die Sympathie mit der Kränkung des Opfers führt zu einem zusätzlichen und andersgearteten mißbilligenden Urteil über die Handlung: Sie ist tadelnswert.

Wenn Smith sagt, ein durchschnittlicher Zuschauer (tatsächlich heißt es bei ihm »jeder Zuschauer«, doch das ist rhetorisch gemeint) würde mit der Freundlichkeit eines Menschen wie Alma Fröhlich sympathisieren, dann meint er damit, daß der Zuschauer, sobald er sich in Almas Lage versetzt, an sich selbst feststellt, daß auch er der alten Dame behilflich gewesen wäre; er beobachtet eine Übereinstimmung zwischen dem Gefühl, dem inneren Anstoß zur Handlung, den er empfände und den offensichtlich auch Alma empfindet. Desgleichen ist die »Sympathie« des Zuschauers mit der Dankbarkeit der alten Dame gleichbedeutend mit der Feststellung, daß, wenn er sich in der Situation der alten Dame befände und über die Straße geführt würde, er dieselbe Dankbarkeit empfände wie die alte Dame. Die Antipathie gegenüber einem Hans Grämlich ist ein Bewußtsein davon, daß man sich in derselben Situation wie er durch die Katze weniger gestört fühlte als er. Es zeigt sich, daß Smith' Begriff der Sympathie mit der Übung der inneren Vorstellung verknüpft ist. Die Sympathie, die unsere Billigung oder Mißbilligung veranlaßt, ist nicht notwendig das Bewußtsein von einer tatsächlichen Empfindung, die hier und jetzt die Motive der Handelnden reproduziert oder die Reaktionen derer, die von den Handlungen betroffen sind. Es ist vielmehr der Gedanke an eine Empfindung, die man verspürte, wenn man in derselben Situation wäre, eine Wahrnehmung, die daher rührt, daß wir uns in die Lage derer versetzen, die tatsächlich beteiligt sind.

Die beiden Formen eines billigenden Urteils, die einer Sympathie entspringen, sind in Smith' Augen unzweideutig vernünftig. Ein Zuschauer, der feststellt, daß die Gefühle der Beteiligten den Empfindungen entsprechen, die er unter denselben Umständen ebenfalls hätte, muß diese Gefühle als der Situation angemessen betrachten.

»Derjenige, der die Beleidigungen übel aufnimmt, die mir angetan worden sind, und bemerkt, daß ich sie genau ebenso übel aufnehme wie er, wird notwendigerweise mein Vergeltungsgefühl billigen. Derjenige, dessen Sympathie ebenso groß ist wie mein Kummer, wird nicht umhin können, zuzugeben, daß mein Gram begründet und vernunftgemäß ist. Derjenige, der das gleiche Gedicht oder das gleiche Bild bewundert wie ich, und zwar es genauso bewundert wie ich, wird sicherlich einräumen müssen, daß meine Bewunderung berechtigt ist.« (TeG 14f.)

Sympathie erzeugt eine soziale Bindung. Das gilt zumindest für die Sympathie in der gebräuchlichsten Bedeutung von Mitgefühl; wenn man für die Trauer oder die Bedürftigkeit eines anderen Mitgefühl empfindet, fühlt man sich bewogen, Trost zu spenden oder ihm zu helfen. Eine Sympathie dieser Art, die als Triebkraft des Handelns wirkt, fördert ein Verantwortungsgefühl, die Bürden anderer mit ihnen zu teilen. Sympathie, wie Smith sie versteht, wirkt dagegen auf andere Weise als Mittel der Vergesellschaftung. Fast jedermann fühlt sich wohl, wenn andere sein Verhalten zustimmend billigen, und unwohl, wenn sie es mißbilligen. Ich lerne aus der Erfahrung, daß Zuschauer zustimmend reagieren, wenn meine Gefühle und Reaktionen den Gefühlen und Reaktionen entsprechen, die sie in meiner Lage auch zeigen würden. Wenn meine natürlichen Reaktionen dagegen von der allgemeinen Norm abweichen, werde ich auf Mißbilligung stoßen. Ich habe also einen Anlaß, mich konform zu verhalten, um Zustimmung zu finden. Wenn z. B. meine natürliche Reaktion auf ein Unglück oder eine Kränkung heftiger ausfällt als die eines durchschnittlichen Zuschauers, dann lerne ich durch seine fehlende Zustimmung, in Zukunft weniger heftig zu reagieren.

Solche Unterschiede in der Empfindung zwischen einem Zuschauer und der von ihm beobachteten Person können ihre Ursache in der unterschiedlichen natürlichen Konstitution einzelner Individuen haben. Sie wohnen jedoch auch dem Prozeß der innerlich vorgestellten Sympathie inne. Denn obwohl uns unsere Phantasie ermöglicht, uns sozusagen mit anderen Menschen zu identifizieren, ist Vorstellung nicht gleichbedeutend mit wirklicher Erfahrung, und das innere Heraufbeschwören eines Gefühls kann nicht an das wirkliche Empfinden heranreichen.

»Derjenige, den das Unglück zunächst betroffen hat, ist sich dessen bewußt und verlangt leidenschaftlich nach einer innigeren Sympathie ... Aber er kann nur dann hoffen, dies zu erreichen, wenn er seinen Affekt auf jenen Grad herabstimmt, bis zu welchem die Zuschauer mitzugehen vermögen ... Was sie fühlen, wird zwar immer in gewisser Hinsicht verschieden sein von dem, was er fühlt ... Dennoch ist es offenkundig, daß diese zwei Arten von Empfindungen immerhin so viel Übereinstimmung miteinander haben können, als für die Harmonie der Gesellschaft ausreichend ist. Jene Empfindungen werden zwar nie ganz gleichklingend, aber sie können doch harmonisch sein, und das ist alles, was notwendig oder erforderlich ist.« (TeG 24f.)

Der Zuschauer seinerseits ist sich ebenfalls bewußt, daß seine Gefühle unmöglich dieselben sein können, wie sie von dem, »den das Unglück betroffen hat«, erlebt werden. Auch der Zuschauer wird von den vergesellschaftenden Tendenzen der Sympathie beeinflußt; auch er hätte lieber eine vollkommenere Übereinstimmung der Gefühle. Deshalb ist er bemüht, seine Reaktion durch eine stärkere Identifikation zu verbessern, indem er versucht, während er sich in die Lage des anderen versetzt, möglichst viele Details mit zu berücksichtigen, die eine Erfahrung prägnanter machen.

Diese beiden Anstrengungen, auf der einen Seite die Dämpfung der Heftigkeit des erlebten Gefühls, auf der anderen Seite die Belebung der Schwäche des heraufbeschworenen Gefühls, bringen zwei unterschiedliche Formen der Tugend hervor, die Tugend der Selbstbeherrschung und die Tugend der Zartheit oder das Feingefühl. Smith' eigene ethische Lehre (im Unterschied zu seinem Beitrag zur ethischen Theorie) betont den Wert der Selbstbeherrschung. Sie durchzieht die gesamte stoische Ethik, die in seinen frühen Jahren einen tiefen Eindruck bei ihm hinterlassen hatte, insbesondere die Beschäftigung mit Epiktet. Epiktet war ein freigelassener griechischer Sklave im antiken Rom, den sein früheres Sklavenschicksal gelehrt hatte, den schweren Bürden des Lebens tapfer zu begegnen, in einer Haltung, die wir heute als die

»stoische« Tugend der Schicksalsergebenheit bezeichnen würden. Man kann aus der *Theorie der ethischen Gefühle* ersehen, daß Smith sich von der stoischen Ethik besonders angezogen fühlte, obgleich er mit der Zeit bestimmte Aspekte nicht mehr vertreten konnte. Dennoch ist sein eigener Sittenkodex eher stoisch als christlich. Er sah seine eigene Ethik als eine Verbindung beider Lehren. »Wie es das erhabene Gesetz des Christentums ist, unseren Nächsten zu lieben, wie wir uns selber lieben, so ist es das erhabene Gebot der Natur, uns selbst nur so zu lieben, wie wir unseren Nächsten lieben, oder, was auf das Gleiche hinauskommt, wie unser Nächster fähig ist, uns zu lieben.« (TeG 29)

Der unparteiische Zuschauer

Bislang habe ich von Smith' Theorie der moralischen Urteile gesprochen, die wir als Zuschauer des Verhaltens und des Charakters anderer Menschen fällen. Wie steht es aber mit Urteilen über uns selbst? Smith' Antwort auf diese Frage bildet den originellsten und subtilsten Teil seiner ethischen Theorie. Nach Smith billige oder mißbillige ich meine eigenen Handlungen, indem ich mich in die Lage eines Zuschauers versetze. Kehren wir zu meinem früheren Beispiel zurück, bei dem wir das Handeln eines Dritten als falsch beurteilt haben. Nehmen wir an, ich fühlte mich wie Hans Grämlich durch eine Katze gestört und wäre versucht, nach ihr zu treten, sagte mir jedoch, »nein, das wäre falsch«. Smith meint, daß meine moralische Mißbilligung das Resultat der Mißbilligung von Zuschauern ist. Ich weiß, daß die meisten Menschen ein solches Handeln mißbilligen. Offensichtlich würden sie mich ebenso verurteilen, wie sie Hans Grämlich verurteilen. Wäre ich ein anderer und könnte ich mich dabei sehen, wie ich der Katze einen Tritt versetze, müßte ich dieselbe Antipathie empfinden, wie ich sie gegen Hans Grämlich an mir verspüre.

Die Urteile des Gewissens, moralische Urteile über das eigene Tun, sind in erster Linie ein Reflex der Urteile der Gesellschaft. Smith selbst gebraucht das Bild eines Spiegels:

»Wäre es möglich, daß ein menschliches Wesen an einem einsamen Ort bis zum Mannesalter heranwachsen könnte ohne jede Gemeinschaft und Verbindung mit Angehörigen seiner Gattung, dann könnte er sich ebensowenig über seinen Charakter, über die Schicklichkeit oder Verwerflichkeit seiner Empfindungen und seines Verhaltens Gedanken machen, als über die Schönheit oder Häßlichkeit seines eigenen Gesichts. All das sind Gegenstände, die es nicht leicht erblicken kann ... und für die es doch auch nicht mit einem Spiegel ausgerüstet ist, der sie seinem Blicke darbieten könnte. Bringe jenen Menschen in Gesellschaft anderer, und er ist sogleich mit dem Spiegel ausgerüstet, dessen er vorher entbehrte.« (TeG 167f.)

»Wir stellen uns selbst als die Zuschauer unseres eigenen Verhaltens vor und trachten nun, uns auszudenken, welche Wirkung es in diesem Lichte auf uns machen würde. Dies ist der einzige Spiegel, der es uns ermöglicht, die Schicklichkeit unseres eigenen Verhaltens einigermaßen mit den Augen anderer Leute zu untersuchen.« (TeG 170)

Hätte Smith an diesem Punkt aufgehört, so wäre seine Theorie zu simpel gewesen. Zuschauer können sich irren; es können ihnen bestimmte Umstände entgehen, oder sie können Motive falsch verstehen. Das Gewissen eines Menschen sagt ihm manchmal, daß er entgegen dem allgemeinen Empfinden handeln muß. Das rührt für Smith daher, daß er sich in einer besseren Position befindet als die Zuschauer, um die jeweils ausschlaggebenden Tatsachen zu erkennen. Natürlich kann auch er die Tatsachen aus Voreingenommenheit für sein eigenes Interesse fehldeuten, und deshalb sollte er sie auch mit den Augen eines unparteiischen Zuschauers betrachten. Um uns vor Selbsttäuschungen zu schützen, müssen wir bemüht sein, »uns in dem Lichte (zu sehen), in welchem andere uns sehen oder in dem sie uns sehen würden, wenn sie alles über uns wüßten« (TeG 238). Es bleibt jedoch wahr, daß wir das

Urteil tatsächlicher Zuschauer für falsch halten können, weil sie wichtige Umstände nicht kennen. Doch selbst dann, sagt Smith, gelangen wir zu unserem moralischen Urteil, indem wir uns als idealen, unparteiischen Zuschauer denken, als Zuschauer, der alle wichtigen Tatsachen kennt, aber selbst nicht beteiligt ist. Wenn wir feststellen, daß dieser gedachte unparteiische Zuschauer, das Wesen in unserer Brust, mit unserem Vorhaben oder mit unseren vergangenen Handlungen sympathisieren würde, dann führt dies dazu, daß wir unser Tun billigen. Würde der gedachte Zuschauer dagegen Antipathie empfinden, so hätte dies unsere innere Mißbilligung zur Folge.

Der verstorbene Professor A. L. Macfie hat bemerkt, Robert Burns, der die *Theorie der ethischen Gefühle* kannte und sehr schätzte, habe vermutlich Smith' Wendung, wir müßten uns »in dem Lichte (sehen), in welchem andere uns sehen«, im Sinn gehabt, als er die Zeilen schrieb:

O wad some Pow'r the giftie gie us
To see oursels as others see us![10]

Der Anklang an eine religiöse Sprache in diesem Zweizeiler findet sich in Smith' Kapitel über den unparteiischen Zuschauer. Zumeist sieht Smith die »Natur« als die Quelle unserer moralischen und anderer Fähigkeiten, doch an manchen Stellen bedient er sich durchaus auch der theologischen Sprache:

»Der allweise Schöpfer der Natur hat auf diese Weise den Menschen gelehrt, die Gefühle und Urteile seiner Brüder zu achten ... Er hat den Menschen, wenn ich so sagen darf, zum unmittelbaren Richter der Menschen gemacht und hat ihn auch in dieser wie in mancher anderen Beziehung nach seinem Bilde geschaffen und ihn zu seinem Statthalter auf Erden bestellt, damit er das Verhalten seiner Brüder beaufsichtige.« (TeG 193)

Die Verknüpfung mit biblischen Vorstellungen und Wendungen bedeutet nicht, daß Smith eine Erklärung durch die menschliche Natur – die heutige empirische Psychologie –

aufgegeben hätte. Es gibt eine ganze Reihe von Hinweisen, auch in der *Theorie der ethischen Gefühle,* daß er Vorbehalte gegenüber dem Christentum hatte, obgleich ihn sein religiöser Skeptizismus nicht so weit führte wie der Humes. Smith war vermutlich Deist. Gleich einigen anderen Denkern der Aufklärung war er der Auffassung, die beobachtbare Natur biete genügend Anlaß, an die Existenz Gottes zu glauben. Smith' Darstellung natürlicher Vorgänge läßt sich auch als verhinderte naturwissenschaftliche Untersuchung lesen, die ohne theologisches Fundament auskommt. In seiner Ethik wie in seiner Nationalökonomie ging es ihm immer um wissenschaftliche Erklärungen. Allerdings war für Smith selbst wie auch für die meisten seiner Leser eine Darstellung natürlicher Abläufe überzeugender und auch lebendiger, wenn die Natur personifiziert oder als das Werk eines persönlichen Gottes behandelt wurde. Die Metapher aus der Rechtssphäre, wenn er vom Menschen als dem Richter der Menschheit spricht, dient demselben Zweck. Sympathie und Antipathie samt der daraus resultierenden Billigung bzw. Mißbilligung sind selbstverständliche Ereignisse. Zuschauer setzen sich nicht selbst ein, um irdische Richter und schon gar nicht einen himmlischen Richter nachzuahmen. Aber die Wirkung ihres Verhaltens ist der des Verhaltens von Berufsrichtern vergleichbar. Ihre Bedeutung wird durch den Vergleich mit Richtern und durch die traditionelle Sprache über Gott hervorgehoben.

In demselben Sinne kann Smith sagen, daß die allgemeinen Regeln der Moral »rechtmäßig« als Gesetze Gottes betrachtet werden. Wir erkennen sie durch unsere Erfahrung. Nachdem wir festgestellt haben, daß unsere Sympathie und die daraus folgende Zustimmung zu unterschiedlichen Gelegenheiten stets einem Gegenstand derselben Art gelten, verallgemeinern wir unsere Erfahrung zu Regeln oder Grundsätzen: z. B., daß es richtig ist, Menschen in Not zu helfen, daß es falsch ist, anderen etwas anzutun, die gegen uns nichts Böses im Sinn haben, daß es richtig ist, die Wohltäter zu belohnen und die

Missetäter zu bestrafen. Es ist ebenfalls natürlich für die Menschen, daß sie ihren Göttern solche Gefühle zuschreiben, die für die menschliche Lebensführung am wichtigsten sind; da Moralvorschriften Ähnlichkeiten mit Gesetzen aufweisen, werden sie als göttliche Gesetze dargestellt, deren Verletzung göttliche Sanktionen nach sich zieht. Die natürliche Tendenz wird durch philosophische Betrachtungen verfeinert und bestätigt, die zu einem monotheistischen Glauben führen und die in ihrem moralischen Urteil ebenfalls »Kennzeichen seiner Autorität« gehorchen (TeG 248); diese Kennzeichen oder Ausweise einer Autorität sind Zeichen, daß das moralische Urteil von Gott dazu gedacht war, unser Leben zu leiten. Der letzte Teil dieses Arguments erinnert an einen früheren Moralisten des 18. Jahrhunderts, Bischof Butler, der das Spätwerk von Smith' Lehrer Hutcheson beeinflußt hat.

Smith' Moralpsychologie

Smith' Theorie ist primär eine Erklärung des Ursprungs des moralischen Urteils, etwas, das heutzutage eher ein Thema der Psychologie als der Philosophie wäre. Das 18. Jahrhundert machte keinen Unterschied zwischen den beiden Disziplinen, und für Adam Smith wie für Hume war eine psychologische Erklärung die am meisten erfolgversprechende Methode bei der Lösung philosophischer Probleme. Folglich bestimmte Smith' Theorie über die Psychologie des moralischen Urteils tendenziell auch seine Auffassungen über das philosophische Problem des Maßstabs richtigen Handelns. Das Problem besteht darin, ein oder mehrere Prinzipien zu finden, anhand derer sich entscheiden läßt, welche Handlung die jeweils richtige ist. Eine Antwort, die unmittelbar besticht, ist die Anschauung des Utilitarismus: Der richtige Maßstab ist die größtmögliche Förderung des allgemeinen Glücks. Der Utilitarismus erhielt seinen Namen von Jeremy

Bentham, aber sein wesentlicher Inhalt war bereits früher im 18. Jahrhundert weithin bekannt, und Smith war sich des Anklangs dieser Denkrichtung durchaus bewußt. Er war bereit zuzugeben, daß moralische Handlungen in ihrer Gesamtheit tatsächlich auf eine Förderung des allgemeinen Glücks hinwirken und daß dieses Ziel von Gott gewollt sei, aber er wandte sich gegen die Auffassung, Nützlichkeit sei der einzige Maßstab des richtigen Handelns. In der Praxis, so sein Argument, ist die Nützlichkeitserwägung nur von untergeordneter Bedeutung für das Zustandekommen eines moralischen Urteils. Unsere Billigung rührt erstens aus der Sympathie mit dem Motiv des Handelnden und zweitens aus der Sympathie mit der Dankbarkeit dessen, dem eine Wohltat erwiesen wird. Drittens erfährt sie eine zusätzliche Unterstützung durch die Vorstellung, daß die Handlung mit den allgemeinen Moralvorschriften übereinstimmt (die tatsächlich, wie er gezeigt hatte, ihren Ursprung in den beiden Formen der Sympathie haben). Und viertens schließlich kann sie zusätzlich durch das Vergnügen verstärkt werden, das wir beim Nützlichkeitsgedanken empfinden. Nach Smith ist die letzte Überlegung zugleich der unwesentlichste Beitrag zum endgültigen Urteil der Zustimmung.

Smith' Einwand gegen den Utilitarismus lautet, daß wir in der Praxis keine Entscheidung darüber treffen, was das Richtige ist, indem wir auf die Nützlichkeit zurückgreifen. Wenn nun das Problem des Maßstabs für richtiges Handeln ein Problem der empirischen Psychologie wäre, die Frage nämlich, auf welche Weise wir real unsere Entscheidungen treffen, dann wäre der Einwand stichhaltig. Das Problem ist jedoch ein normatives; es geht dabei um die Frage »Wie sollten wir entscheiden?« Smith würde freilich immer noch sagen, die Antwort sei in der konkreten Praxis aufzufinden. Selbst wenn der gesellschaftliche Nutzen das letzte Ziel wäre, erreicht die Natur dieses Ziel durch das Wirken der Sympathie. Zur Begründung seiner Auffassung, derzufolge

die Vorstellung einer verdienten Strafe mit einem sympathetischen Groll zu tun hat, schreibt Smith,

»... daß die gegenwärtige Untersuchung nicht eine Frage des
Sollens betrifft, wenn ich so sagen darf, sondern eine Frage nach
Tatsachen. Wir untersuchen hier nicht, nach welchen Grundsätzen
ein vollkommenes Wesen die Bestrafung von Missetaten billigen
würde, sondern nach welchen Grundsätzen ein so schwaches und
unvollkommenes Geschöpf, wie es der Mensch ist, sie wirklich und
tatsächlich billigt ... Obwohl ... der Mensch von Natur aus mit dem
Verlangen nach Wohlfahrt und Erhaltung der Gesellschaft begabt
ist, hat es doch der Schöpfer der Natur nicht erst seiner Vernunft
überlassen, die Entdeckung zu machen, daß eine gewisse Anwen-
dung von Strafen das angemessene Mittel ist, diesen Zweck zu
erreichen, sondern hat ihn mit einem unmittelbaren und instinktarti-
gen Gefühl der Billigung für diejenige Strafanwendung begabt, die
am meisten angemessen ist, um diesen Zweck zu erreichen. Die
Ökonomie der Natur ist in dieser Hinsicht genau von der gleichen
Art wie in vielen anderen Fällen.« (TeG 113)

Die Schwäche von Smith' Methode zur Unterscheidung
von richtig und falsch besteht darin, daß sie die praktischen
Probleme außer acht läßt, mit denen unvollkommene Menschen beim Treffen einer moralischen Entscheidung konfron-
tiert sind. Wenn wir in einem Dilemma stecken und uns
zwischen gleichwertigen guten (oder bösen) Handlungen
entscheiden sollen, läßt uns das unmittelbare und instinktar-
tige Gefühl der Billigung im Stich. Genau in diesen Situatio-
nen stellt sich für uns die normative Frage »Wie sollten wir
entscheiden?«

Wenn man Smith fragen könnte, welches der Maßstab für
ein moralisches Urteil ist, so würde er antworten, das richtige
Verhalten erkenne man an der Billigung durch einen unparteiischen Zuschauer. Das sagt uns freilich nur, ob der unparteiische Zuschauer dieselbe Einstellung gegenüber einer hypothetischen Handlung hat wie wir selbst. Wenn wir jedoch
eine Wahl zwischen mehreren guten Taten treffen sollen, die
mehr oder weniger gleichwertig sind, dann hilft es uns wenig,

wenn ein unparteiischer Zuschauer Sympathie mit uns empfindet. Die Aufgabe des unparteiischen Zuschauer ist es, uns zu befähigen, unparteiisch zu sein; wenn unsere anfängliche Neigung durch Parteilichkeit beeinflußt ist, durch eine Rücksicht auf unser persönliches Interesse, dann wird uns der unparteiische Zuschauer behilflich sein, einen objektiveren Standpunkt einzunehmen. Wenn wir freilich unsere Parteilichkeit aufgegeben haben, uns jedoch noch keine Klarheit über die unterschiedlichen Vorzüge der einzelnen Alternativen verschafft haben, dann kann uns auch der unparteiische Zuschauer nicht weiterhelfen.

Trotz dieser Schwäche ist die Theorie des unparteiischen Zuschauers als psychologische Erklärung für die Entstehung des Gewissens durchaus beeindruckend, insbesondere weil sie die moralischen Urteile des einzelnen mit denen der Gesellschaft verknüpft. Die erste Stufe von Smith' Theorie, seine Darlegung von der Zustimmung wirklicher Zuschauer, weist einen Mangel auf. Er sagt, die Billigung durch einen Zuschauer sei das Ergebnis einer Überlegung, daß dieser die Gefühle des Handelnden teilen würde, wenn er sich in dessen Lage befände. Damit wird nicht zwischen moralischen und anderen Formen der Billigung unterschieden. In Verbindung mit seiner Theorie, daß Billigung auf Sympathie beruht (im Sinne der Beobachtung einer Übereinstimmung), gibt Smith selbst eine ganze Reihe von Beispielen, um zu zeigen, daß ein Urteil über die Richtigkeit einer Handlung nicht unbedingt ein moralisches Urteil sein muß.

»Derjenige, dessen Sympathie ebenso groß ist wie mein Kummer, wird nicht umhin können, zuzugeben, daß mein Gram begründet und vernunftgemäß ist. Derjenige, der das gleiche Gedicht oder das gleiche Bild bewundert wie ich, wird sicherlich einräumen müssen, daß meine Bewunderung berechtigt ist. Derjenige, der über den gleichen Scherz lacht und ebenso lange darüber lacht wie ich, wird nicht gut in Abrede stellen können, daß mein Lachen schicklich und berechtigt ist... Wenn die gleichen Beweisgründe, die dich überzeugen, auch mich ebenso überzeugen, dann werde ich notwendig deine Überzeugung billigen.« (TeG 15)

Sympathie, die Wahrnehmung einer Übereinstimmung von Gefühlen oder Meinungen, hat eine Billigung zur Folge. Doch was entscheidet darüber, ob die Billigung, das Urteil über die Richtigkeit der Handlung, ein moralisches und nicht etwa ein ästhetisches oder verstandesmäßiges ist? Smith würde darauf antworten, daß eine moralische Billigung eine Sympathie mit den Motiven zum Ausdruck bringt, doch das geht offenbar zu weit. Angenommen, ich gehe in ein Konzert mit dem Wunsch, die auf dem Programm angekündigte Musik zu hören. Ein Zuschauer, der meinen Geschmack teilt, wird sowohl mein Handeln als auch dessen Motive billigen. Dennoch wäre es höchst ungewöhnlich, seine Zustimmung moralisch zu nennen.

Diese Schwäche in Smith' Darlegung beeinträchtigt jedoch nicht den Wert seines wichtigsten Beitrags zur ethischen Theorie, seinen Begriff des unparteiischen Zuschauers. Die Billigung des gedachten unparteiischen Zuschauers beruht in der Tat auf Smith' vorangegangener Darstellung der Billigung durch anwesende Zuschauer, ohne daß ein Unterschied zwischen moralischen und außermoralischen Handlungen gemacht worden wäre, doch darauf kommt es nicht an. Jeder, der sich Gedanken darüber macht, daß seine ästhetischen Vorlieben oder seine Ziele möglicherweise zu stark subjektiv gefärbt sind, kann das Urteil eines in der Phantasie vorgestellten unparteiischen Zuschauers einholen. In der Praxis betreffen solche Befürchtungen überwiegend moralische Fragen, wenn wir von einer Gewissensübung sprechen. Obgleich Smith' Begriff des unparteiischen Zuschauers nicht nur auf das menschliche Gewissen zielte, ist er als psychologische Erklärung desselben bis heute von Wert.

Smith' Erklärung für die Entstehung des Gewissens gleicht im Prinzip der Erklärung Freuds. Aufrichtige moralische Urteile über unser eigenes Handeln bilden sich Smith zufolge im Bewußtsein als Reflex der Einstellungen der Gesellschaft, vermittelt vor allem in der Kindheit durch den Einfluß von Eltern, Lehrern und Mitschülern. Die im Laufe der Zeit im Bewußtsein gebildeten Einstellungen wirken in ihrer Gesamtheit als ein zweites Selbst, das die Pläne und Handlungen des natürlichen Selbst seinem Urteil unterwirft.

»Wenn ich mich bemühe, mein eigenes Verhalten zu prüfen, wenn ich mich bemühe, über dasselbe ein Urteil zu fällen und es entweder zu billigen oder zu verurteilen, dann teile ich mich offenbar in all diesen Fällen gleichsam in zwei Personen ... Die erste Person ist der Zuschauer, dessen Empfindungen in bezug auf mein Verhalten ich nachzufühlen trachte, indem ich mich an seine Stelle versetze und überlege, wie dieses Verhalten mir wohl erscheinen würde, wenn ich es von diesem eigentümlichen Gesichtspunkt aus betrachte. Die zweite Person ist der Handelnde, die Person, die ich im eigentlichen Sinne mein Ich nennen kann und über deren Verhalten ich mir – in der Rolle eines Zuschauers – eine Meinung zu bilden suche.« (TeG 170 f.)

Freud spricht von einem Über-Ich, einem zweiten Selbst, das als Reflex vor allem der Einstellungen der Eltern im Bewußtsein errichtet wird und dort die Aufgabe eines Zensors wahrnimmt, der die Wünsche und Handlungen des natürlichen Selbst, des »Ichs«, zensiert.

Es bestehen allerdings wesentliche Unterschiede zwischen beiden Theorien. Erstens legt Freud eine besondere Betonung auf den Einfluß der Eltern, während Smith gesellschaftliche Normen allgemein im Sinn hat und neben den Eltern auch Lehrer und Mitschüler als deren Vermittler erwähnt. Zweitens wirkt das Über-Ich Freuds offenbar weit eher verurteilend als im positiven Sinne billigend. Zu ihm gehört zwar die Aufrichtung eines »Ich-Ideals« ebenso wie ein repressives »Gewissen«, doch Freud betont das letztere Element stärker. Die primäre Funktion des Über-Ich ist die eines Zensors, der ein Überschäumen sexueller und verwandter Triebe verhindern soll. Der unparteiische Zuschauer bei Smith ist dazu da, sowohl seine Billigung als auch seine Mißbilligung zum Ausdruck zu bringen, ohne daß eine der beiden Seiten bevorzugt würde. Drittens fügt Smith die wichtige Einschränkung hinzu, daß das Wesen in unserer Brust ein besserer Richter sein kann als ein äußeres Wesen, da es über die näheren Umstände und Motive einer Handlung besser informiert ist.

Für die klinische Praxis von Psychoanalytikern hat sich die Theorie Freuds vermutlich als zweckmäßig erwiesen. Man kann gut verstehen, daß bestimmte Formen einer Neurose mit einem übersteigerten Gefühl zusammenhängt, Verbote zu verletzen, und daß dieses wiederum häufig auf einen übermäßig strengen Vater in der Kindheit zurückgeht. Wenn man jedoch Freuds Theorie verallgemeinert und als Erklärung für das Gewissen der meisten normalen Menschen auffaßt, dann ist sie offenbar weniger befriedigend als die Erklärung von Adam Smith. Eltern haben zweifellos den größten Einfluß auf die moralische Erziehung der Kinder in ihren ersten Jahren, aber auch Lehrer und Mitschüler, später dann Freunde und Arbeitskollegen spielen hierbei eine nicht unwesentliche Rolle. Ein repressives Familienklima kann ein rigides, strenges Gewissen produzieren, das eher dazu neigt, zu verbieten statt zu erlauben, aber eine freundliche Atmosphäre in der Familie und in der Schule führt zu einem liberaleren Gewissen und fördert sowohl die Entwicklung des Selbst als auch die Berücksichtigung der Interessen anderer.

Wie verhält es sich mit dem dritten Unterschied zwischen Smith und Freud, Smith' Bereitschaft, das Gewissen zu einem Tribunal zu erheben, welches dem Urteil tatsächlich anwesender Zuschauer überlegen ist? Nachdem Freud und andere uns die Augen für die verborgenen Tiefen des Unbewußten geöffnet haben, sind wir vielleicht geneigt, Smith' Auffassung als typisch für den Optimismus des 18. Jahrhunderts anzusehen, blind für die Wirkungen der Selbsttäuschung. Das würde die Sache jedoch zu einfach machen. Smith wußte noch nichts von entwickelten Theorien des Unbewußten und war sich dennoch über die Macht der Selbsttäuschung im klaren.

»Dieser Selbstbetrug, diese verhängnisvolle Schwäche bildet die Quelle, aus der vielleicht die Hälfte aller Zerrüttungen des menschlichen Lebens entspringt. Sähen wir uns in dem Lichte, in welchem andere uns sehen oder in dem sie uns sehen würden, wenn sie alles über uns wüßten, dann wäre im allgemeinen eine Änderung zum Besseren unvermeidlich. Wir könnten sonst den Anblick nicht ertragen.« (TeG 238)

Von daher erklärt sich die Notwendigkeit für einen unparteiischen Zuschauer, uns so zu sehen, wie andere dies tun – genauer, wie »sie uns sehen würden, wenn sie alles über uns wüßten«. Wir glauben zuweilen, unser eigenes Gewissen sei ein besserer Richter als die allgemeine Meinung, deshalb ist es ein weithin akzeptierter Grundsatz, daß unter solchen Umständen eine Person der Stimme des eigenen Gewissens folgen sollte. Smith bemüht sich, in seiner Theorie den Tatsachen des wirklichen Lebens Rechnung zu tragen.

Ich habe diesen Überblick über Smith' Ethik auf seine Theorie des moralischen Urteils beschränkt, da dies das Hauptthema seines ersten Buches und der bei weitem bedeutsamste Beitrag zur Moralphilosophie ist. Die *Theorie der ethischen Gefühle* sagt auch einiges über menschliche Kardinaltugenden. Die frühere Fassung des Werks beschäftigte sich etwas eingehender mit der Unterscheidung zwischen Gerechtigkeit und Wohltätigkeit, wobei Gerechtigkeit primär als negative Tugend gesehen wurde, anderen kein Leid zuzufügen, während Wohltätigkeit in der positiven Tugend bestand, anderen Gutes zu tun. Hier unternahm Smith den Versuch, die christliche Tugend der Liebe als Motiv der Wohltätigkeit mit der stoischen Tugend der Selbstbeherrschung in Einklang zu bringen, und er betrachtete die Klugheit oder das vernünftige Eigeninteresse als würdigen Gegenstand der Billigung, wenn auch nicht der wärmsten Bewunderung. Die erweiterte Fassung dieses Buches, die etliche Jahre nach dem Erscheinen des *Wohlstands der Nationen* niedergeschrieben wurde, räumt der Klugheit einen höheren Stellenwert ein und betont die Tugend der Selbstbeherrschung noch etwas stärker. Dieser Aspekt der *Theorie der ethischen Gefühle* fordert zum Vergleich mit der Psychologie heraus, die dem *Wohlstand der Nationen* zugrundeliegt, und im 5. Kapitel werde ich noch etwas zu den Vergleichen sagen, die andere Autoren angestellt haben. Die *Theorie der ethischen Gefühle* selbst hat jedoch unter dem Interesse der Wissenschaftler an diesen Vergleichen gelitten. Man hat sie falsch verstanden, und ihr Hauptanliegen als Werk der Moralphilosophie ist übergangen worden.

4. Ökonomie

Der Wohlstand der Nationen besteht aus zwei Hauptteilen. Der erste ist eine Analyse oder (wie heutige Wirtschaftswissenschaftler sagen würden) ein Modell der Mechanismen der Wirtschaft. Der zweite ist eine politische Empfehlung des Freihandels und ganz allgemein des Prinzips des Laissezfaire. Beide sind miteinander durch das Grundthema des wirtschaftlichen Wachstums verbunden. Smith' Analyse beschränkt sich nicht auf darauf, die Verknüpfung zwischen den verschiedenen Elementen eines ständig in Gang gehaltenen Systems zu zeigen, sondern erklärt außerdem, wie das System eine anhaltende Akkumulation von Wohlstand erzeugen kann. Und da dieser Prozeß für Smith besonders erfolgreich verläuft, wenn er dem Spiel der natürlichen Kräfte überlassen wird, führt ihn seine Analyse dazu, den Staatsregierungen dringend nahezulegen, jeglichen Eingriff in ihn zu unterlassen.

Die Arbeitsteilung

Smith ist überzeugt, daß der bedeutsamste Aspekt des Wirtschaftslebens die Arbeitsteilung ist, deshalb beginnt sein Buch mit diesem Thema. Für ihn ist die Arbeitsteilung der entscheidende Ausgangspunkt für wirtschaftliches Wachstum, für die Entwicklung von »Wohlstand« oder »Reichtum« in einer Gesellschaft oder in der umfassenderen Welt des internationalen Handels. Um diesen Standpunkt einnehmen zu können, muß er den Begriff der Arbeitsteilung so erweitern, daß dieser auch technische Fortschritte mit einschließt, wenn neue Werkzeuge und Maschinen den Menschen befähigen, neue spezialisierte Fertigkeiten zu entwikkeln. Smith' Grundgedanke ist, daß die Beschränkung auf eine einzige Arbeitstätigkeit oder Aufgabe die Möglichkeiten zur Erfindung von Verbesserungen erhöht. Er sieht durchaus, daß viele der größten Erfindungen von Maschinenbauern und Industriellen gemacht wurden, doch das kommt später. Zunächst müssen es die Arbeiter gewesen sein, die Benutzer von Werkzeugen, die darüber nachdachten, wie sie sich die Arbeit erleichtern konnten; und dieser Sachverhalt bleibt über lange Zeit hinweg unverändert bestehen. Smith stützt seine Behauptung, indem er sich auf die Erfahrung beruft.

»Viele Maschinen, die in ausgesprochen arbeitsteiligen Gewerben verwendet werden, sind ursprünglich von einfachen Arbeitern erfunden worden. Da sie ständig die gleichen Handgriffe ausführen mußten, suchten sie ganz von selbst nach Methoden, wie sie ihre Tätigkeit vereinfachen und erleichtern könnten. Wer des öfteren solche Manufakturen besucht hat, dem wurden sicherlich häufig imponierende Maschinen gezeigt, die Arbeiter in der Absicht erfunden haben, den eigenen Beitrag zum Werkstück leichter und schneller zu leisten.« (WN 13)

In seinen Glasgower Vorlesungen äußerte er sich genauer, woraus wir schließen können, daß er entweder selbst etliche neuere Fabriken besucht oder mit Leuten gesprochen hatte, die solche Fabriken aus eigener Anschauung kannten.

»Die Erfindung der Mühle oder des Pfluges sind so alt, daß wir in keiner historischen Darstellung Näheres darüber finden. Wenn wir jedoch in die Fabrik eines Industriellen in den neuerrichteten Betrieben in Sheffield, Manchester oder Birmingham oder auch in einige Städte in Schottland gehen und Fragen zu den Maschinen stellen, dann wird man zu hören bekommen, daß diese oder jene Maschine von einem einfachen Arbeiter erfunden wurde.« (J 351)

Smith beginnt seine Erörterung der Arbeitsteilung mit einem recht einfachen Beispiel, der Herstellung von Stecknadeln. Er wählt dieses Beispiel, weil sich daran der wesentliche Punkt besser deutlich machen läßt. Zehn Männer, die gemeinsam in einer kleinen Nadelfabrik arbeiten und etwa 18 einfache Arbeitsgänge unter sich aufteilen, können täglich etwa 50 000 Nadeln herstellen. Hätte ein einzelner Mann alle diese Arbeitsgänge allein und ohne die Hilfe von Spezialmaschinen, die ihrerseits das Ergebnis einer Arbeitsteilung sind, auszuführen, so würde er wahrscheinlich kaum mehr als eine Stecknadel am Tag zustandebringen.

Nachdem er seinen Grundgedanken so klar vorgestellt hat, geht Smith darauf ein, in welch ungeheurem Umfang die Arbeitsteilung sich auf unser aller Leben auswirkt. Man braucht sich nur einmal die Habe eines einfachen Arbeiters näher anzusehen. Die Kleidung des Mannes ist das komplexe Resultat der Arbeit vieler Menschen, eines Schäfers, Wollsortierers, Wollkämmers, Färbers, Spinners, Webers usw. Kaufleute und Fuhrleute waren außerdem mit dem Transport des Materials von einem Handwerker zum anderen beteiligt. Ähnlich lange Geschichten ließen sich von den Schuhen, der Nahrung, der Wohnungseinrichtung und den Hausgerätschaften des Mannes erzählen. Schließlich endet das Kapitel, das erste des ganzen Buches *Der Wohlstand der Nationen,* mit diesen Sätzen:

»Wenn wir uns alle diese Gegenstände vor Augen halten und bedenken, welch eine Vielfalt von Arbeit auf jeden einzelnen von ihnen verwandt ist, wird uns bewußt, daß ohne Mithilfe und Zusammenwirken Tausender von Menschen in einem zivilisierten Land nicht einmal der allereinfachste Mann selbst mit jenen Gütern versorgt werden könnte, die wir gewöhnlich, fälschlicherweise, grob und anspruchslos nennen. Natürlich muß sein Besitz äußerst bescheiden und ärmlich anmuten, vergleicht man ihn mit dem überfeinerten Luxus der Reichen. Doch sollte man bedenken, daß die

Lebenshaltung eines Fürsten in Europa sich von der eines fleißigen und genügsamen Bauern vielleicht weniger unterscheidet, als die des letzteren von der manches Herrschers in Afrika, der uneingeschränkt über Leben und Freiheit von zehntausend nackten Wilden gebietet.« (WN 15)

Es ist eine bravouröse Passage, mit der eine erhellende Erörterung beendet wird, bezeichnend für die stilistischen Talente, die Adam Smith aufbieten konnte, falls es nötig war, eine Sache verständlich zu machen. Betrachten wir jetzt, um welche Sache es eigentlich geht. Erstens und vor allem geht es natürlich darum, uns zu zeigen, wie weit wirtschaftliches Wachstum unter Einsatz der Arbeitsteilung in entwickelten Gesellschaften gediehen ist im Unterschied zu statischen Stammesverbänden. Sodann soll uns gezeigt werden, wie sehr die Angehörigen einer entwickelten Gesellschaft voneinander abhängig sind. Der europäische Bauer im Gegensatz zum afrikanischen Häuptling hat über niemanden politische Macht; trotzdem hängt seine Lebensführung von der Mitarbeit vielleicht ebensovieler Menschen ab, wie der Häuptling Untertanen hat. Die Mitarbeit wird weder von einem Souverän angeordnet, noch ist sie von den Teilnehmern geplant. Dennoch ist sie eine soziale Tatsache. Gegenseitige Abhängigkeit ist fast ebenso sehr wie wirtschaftliches Wachstum ein Grundthema von Smith' Untersuchung.

Die Abhängigkeit hat wenig oder nichts mit altruistischen Einstellungen zu tun. Eine soziologische Untersuchung der Familie, von religiösen Gemeinschaften oder auch einer politischen Gesellschaft müßte sie berücksichtigen, nicht jedoch eine Analyse der Wirtschaft. Die Vorteile der Arbeitsteilung rühren nach Smith aus der schlichten Eigenliebe bei der Praxis des Tauschs.

»Dagegen ist der Mensch fast immer auf Hilfe angewiesen, wobei er jedoch kaum erwarten kann, daß er sie allein durch das Wohlwollen der Mitmenschen erhalten wird. Er wird sein Ziel wahrscheinlich viel eher erreichen, wenn er deren Eigenliebe zu seinen Gunsten zu nutzen versteht, indem er ihnen zeigt, daß es in ihrem eigenen

Interesse liegt, das für ihn zu tun, was er von ihnen wünscht. ... Nicht vom Wohlwollen des Metzgers, Brauers und Bäckers erwarten wir das, was wir zum Essen brauchen, sondern davon, daß sie ihre eigenen Interessen wahrnehmen.« (WN 17)

Natürlich kommen die sozialen Vorteile nicht allein von der Eigenliebe, sondern von deren Wirkungen aufgrund der Praxis des Tauschs und sodann der Verhältnisse eines Marktes. Smith schreibt die Tauschpraxis »einer natürlichen Neigung des Menschen (zu), zu handeln und Dinge gegeneinander auszutauschen« (WN 16), und er zeigt merkwürdig wenig Interesse, diesen Zug mit seiner grundlegenden psychologischen und soziologischen Analyse zu verknüpfen. Er sagt, diese Neigung könne »eine jener angeborenen oder ursprünglichen Eigenschaften der menschlichen Natur (sein), die nicht weiter erklärt werden kann«, oder sie kann, »was wohl wahrscheinlicher sein dürfte, die notwendige Folge der menschlichen Fähigkeit (sein), denken und sprechen zu können« (WN 16). Aus seinen Vorlesungen in Glasgow geht hervor, daß Smith mit dieser Wendung »die natürliche Gabe eines jeden, andere zu überreden«, im Sinn hat. Wenn jemand einen Schilling bietet, heißt es dort, so »bietet er in Wirklichkeit ein Argument an, um einen anderen davon zu überzeugen, daß es in dessen Interesse sei, dem eigenen Vorschlag zu folgen« (J 352). Smith muß klar gewesen sein, daß das genaugenommene noch kein überzeugendes Argument war, und wohl deshalb hat er es hier weggelassen. Bei einer ökonomischen Analyse geht es jedoch um das Ergebnis und nicht um den Ursprung der Tauschpraxis. Tausch führt zu einem Markt, und es sind die Gesetze, denen das Funktionieren des Marktes unterliegt, die Smith aufdecken möchte.

Eine Entdeckung, die Smith gemacht zu haben glaubte, war, daß die Arbeitsteilung durch den Umfang des Marktes beschränkt wird. Der Anreiz für eine immer weitere Arbeitsteilung ist die Möglichkeit, Produkte oder Dienstleistungen zu tauschen. Wenn andere Menschen bereit sind, einen Teil des Getreides und des Fleischs, das sie produzieren, für die Schuhe zu tauschen, die ich anfertige, habe ich einen Anreiz, mich auf die Anfertigung von Schuhen zu spezialisieren, um möglichst viele davon zu verkaufen, statt einen Teil meiner Zeit damit zuzubringen, Schuhe (für mich und meine Angehörigen) herzustellen, und einen Teil damit, Getreide anzubauen und Vieh zu halten. In einer großen Stadt gibt es mehr Tauschmöglichkeiten, einen größeren Markt als in einem kleinen Dorf, und das ist der Grund, warum man in der Stadt und nicht auf dem Dorf einen hohen Grad der Spezialisierung findet. In der Stadt sind das Zimmern, Schreinern, Kunsttischlern und Holzschnitzen eigene Berufstätigkeiten verschiedener gelernter Handwerker; im Dorf dagegen übernimmt ein einziger Handwerker alle diese Arbeiten nacheinander, je nachdem, wie die Aufträge anfallen.

Die Größe eines Marktes hängt nicht einfach von der Anzahl der Menschen ab, die in einem bestimmten Gebiet leben. Sie hängt davon ab, welche Verkehrsverbindungen zu potentiellen Käufern und Verkäufern in anderen Regionen bestehen. Verbesserungen des Transports bestimmter Güter erweitern deren Markt. Smith bemerkte, daß (zu seiner Zeit) der Transport über Wasser wesentlich billiger war als der über Land. Von Wirtschaftshistorikern wissen wir, daß er die Differenz im Hinblick auf den Binnentransport in England übertrieben hat, aber die allgemeine Feststellung war völlig zutreffend, insbesondere für den internationalen Handel, und Smith belegte sie durch die Beobachtung, daß sowohl die alten Kulturen des Mittelmeerraums als auch die Siedler in den amerikanischen Kolonien sich zunächst an der Meeresküste und entlang den Flüssen niederließen. An anderer Stelle war ihm zu diesem Thema schon einmal eine Metapher eingefallen, die ganz allgemein gelten konnte:

»Was Jakob VI. von Schottland einmal von der Grafschaft Fife gesagt hat, deren Hinterland damals wirtschaftlich darniederlag, während die Küste in hoher Blüte stand – daß sie nämlich einer groben Wolljacke mit Goldborten gleiche –, dasselbe läßt sich auch heute noch vom größeren Teil unserer nordamerikanischen Kolonien sagen.« (J 585)

Wenn wirtschaftliches Wachstum auf der Teilung der Arbeit beruht und wenn der Grad der Arbeitsteilung von der Größe des Marktes abhängt, dann folgt daraus, daß anhaltendes wirtschaftliches Wachstum einen immer größer werdenden Markt voraussetzt. Das ist einer der Hauptgründe, warum Smith den Freihandel befürwortete. Er räumt jedoch ein, daß nicht alle Auswirkungen dieses Vorgangs begrüßenswert sind. Zwar erweitert die Arbeitsteilung die materiellen Vorteile, aber sie führt auch zu einer Verkümmerung der Persönlichkeit vieler Arbeiter. Der Mann, der den ganzen Tag lang stets dieselben Handgriffe verrichtet, »hat keinerlei Gelegenheit, seinen Verstand zu üben ... So ist es ganz natürlich, daß er ... so stumpfsinnig und einfältig wird, wie ein menschliches Wesen nur eben werden kann« (WN 662). Der Prozeß der Abstumpfung betrifft auch seine moralische Urteilsfähigkeit im Hinblick auf sein tägliches Leben wie auf die Interessen seines Landes, so daß er im Extremfall nicht einmal mehr zur Verteidigung seines Landes bereit ist. In seinen Glasgower Vorlesungen hatte Smith hinzugefügt, in England, wo die Arbeitsteilung weiter gediehen war als in Schottland, könnten kleine Jungen von sechs oder sieben Jahren bereits bezahlte Arbeit bekommen, ohne je eine Schule besucht zu haben, so daß sie später als Erwachsene ihre Freizeit »in Trunksucht und Zügellosigkeit« verbrächten.

»Dementsprechend finden wir in den Teilen Englands, in denen Handel und Gewerbe bestehen, die Handwerker in der Mehrzahl in einer abscheuerregenden Verfassung: Ihre Arbeit während der Hälfte der Woche reicht aus, sie zu ernähren, und aus Mangel an Schulbildung wissen sie mit der anderen Hälfte nichts Besseres anzufangen, als sich dem Trunk und der Ausschweifung zu ergeben. So kann man mit Fug und Recht behaupten, daß die Menschen, die die ganze Welt mit Kleidung versorgen, selbst in Lumpen gehen.« (J 540)

Die Regierung könne dem nur abhelfen, sagt Smith im *Wohlstand der Nationen*, wenn sie in jeder Pfarrgemeinde Volksschulen einrichte. Er ging sogar so weit, eine allgemeine Schulpflicht anzuregen. »Mit nur geringem Aufwand kann der Staat fast der gesamten Bevölkerung diese Schulausbildung erleichtern, sie dazu ermutigen, ja sogar dazu zwingen.« (WN 665) Offenbar glaubte Smith nicht an die Wirksamkeit des Laissez-faire in sämtlichen Bereichen des menschlichen Lebens.

Das Wirtschaftssystem

Der Austausch von Gütern kann in der Form des Tauschhandels vor sich gehen, bei dem die Güter in ihrem relativen Wert zueinander getauscht werden. Doch das hat über kurz oder lang die Einführung von Geld in dieser oder jener Form zur Folge, einem haltbaren Material, das in Standardeinheiten aufgeteilt werden und als allgemein anerkanntes Tauschmittel dienen kann. Sobald es einmal eingeführt ist, werden die Güter in Geld bewertet. Smith macht einen Unterschied zwischen dem »Realpreis« oder dem Wert einer Ware und ihrem »Nominal«- oder in Geld ausgedrückten Preis. Seine Erklärung des Wertes hat immer wieder Debatten ausgelöst und versperrt leicht den Blick für seine Erklärung des »Nominal«- oder Geldpreises. Letzterer ist unmittelbar bedeutsam für die Wirkungsweise des Wirtschaftssystems. Wir lassen also für den Augenblick seine Werttheorie beiseite und konzentrieren uns auf den Nominal- oder Geldpreis.

Der Preis, den die Abnehmer für eine Ware zu zahlen bereit sind, hängt davon ab, wie sehr sie diese benötigen. Doch der Preis, der von ihnen verlangt wird, hängt nicht nur von der Nachfrage ab, sondern auch von bestimmten Kostenfaktoren. Smith unterscheidet drei Faktoren, die in die Kosten einer Ware eingehen können: die Löhne der Arbeiter, die an ihrer Herstellung beteiligt waren; den Gewinn der Eigentümer von »Kapital« (in Form von Geld oder von Rohstoffen und Geräten, die zur Erzeugung benötigt werden); und die Bodenrente, die von den Landbesitzern verlangt wird, auf deren Grund und Boden die Fabrik errichtet wurde.

Smith zeigt in einem Exkurs, daß diese drei Faktoren sich voneinander unterscheiden. Der Gewinn des Großbauern oder Fabrikeigentümers ist nicht etwa der Lohn für seine Führung des Unternehmens. Wäre er dies, so müßte die Höhe des Gewinns sich je nach dem Aufwand an Zeit, Mühe oder geistiger Anstrengung verändern, die zur Führung eines bestimmten Betriebs erforderlich sind; tatsächlich schwankt jedoch die Höhe des vom Eigentümer erwarteten Gewinns mit der Höhe des eingesetzten Kapitals. Der Gewinn ist ein Ertrag aus der Investition von Kapital, das dessen Eigentümer auch für andere Zwecke hätte verwenden können und dessen Verlust er bei dem Unternehmen riskiert, in das er es investiert. Auf der anderen Seite ist die Grundrente wiederum etwas anderes als der Gewinn und die Löhne. Der Grundeigentümer, der eine Pacht fordert, riskiert keinen Verlust und hat für das empfangene Geld keine Arbeit geleistet: »Auch die Grundbesitzer (möchten), wie alle Menschen, dort ernten, wo sie niemals gesät haben.« (WN 44) Aber im Unterschied zu anderen Menschen sind sie dazu in der Lage. »Von allen drei Klassen brauchen sie allein weder Arbeit noch Mühe aufzuwenden, um ein Einkommen zu erhalten. Es fließt ihnen einfach, so wie es ist, von selbst zu, ohne daß sie Pläne oder Projekte entwerfen oder verwirklichen brauchen.« (WN 211 f.)

Bei manchen Waren spielt die Grundrente keine Rolle, und es gehen lediglich Arbeitslohn und Kapitalgewinn in den Preis ein. Smith gibt hierfür das Beispiel der Seefischerei im Unterschied zur Lachsfischerei in Flüssen; für letztere muß eine Pacht bezahlt werden. Noch geringer in einer entwickelten Gesellschaft ist die Anzahl der Waren, in die lediglich Lohnkosten einfließen, ohne daß ein Kapitaleigner beteiligt wäre. Smith führt hierfür das Beispiel bunter Kieselsteine an, die an den schottischen Küsten von armen Leuten gesammelt und an Steinschneider verkauft werden. Die Preise der überwiegenden Mehrheit der Güter setzen sich jedoch aus allen drei Kostenfaktoren zusammen. Diesen drei Kostenfaktoren entsprechen drei wirtschaftliche Gruppen: Arbeiter, Kapitaleigner und Grundbesitzer, die jeweils einen gewissen Anteil aus dem Erlös einer Ware erhalten. Dabei muß es sich nicht immer um verschiedene Personen handeln. Ein Bauer kann das von ihm bewirtschaftete Land zum Eigentum haben, Kapital zur besseren Kultivierung investieren und bei der Arbeit selbst mit Hand anlegen. In der Regel werden die drei Funktionen jedoch von verschiedenen Personen übernommen, und zum Verständnis des Wirtschaftssystems müssen sie voneinander unterschieden werden.

Nach diesen Ausführungen trifft Smith eine Unterscheidung zwischen dem »natürlichen« und dem »Marktpreis« der Güter. Im Prinzip ist es derselbe Unterschied, wie er später von Alfred Marshall zwischen langfristigen und kurzfristigen Preisen gemacht wurde. Smith verwendet den Begriff »natürlich«, weil der langfristige Durchschnittspreis nach seiner Ansicht der Schlüssel zum Verständnis eines wissenschaftlichen, eines Naturgesetzes über die Wirkungsweise des Marktes ist. Mehr als einmal vergleicht er den natürlichen Preis mit einem Gravitationszentrum. »Der natürliche Preis (ist) gleichsam der zentrale, auf den die Preise aller Güter ständig hinstreben.« (WN 51) Selbstverständlich ist es nicht der natürliche Preis als solcher, der eine Art Schwerkraft ausübt. Die Kraft ist die des Eigeninteresses in der Spannung zwischen Angebot und Nachfrage. Die Wirkung ist allerdings die eines Gleichgewichts, das sich nach Smith' Überzeugung zutreffend mit dem Gleichgewicht vergleichen läßt, das sich aus dem Zusammenwirken der Schwerkraft und der Eigenbewegung von Körpern ergibt.

Tatsächlich schenkt Smith der Nachfrageseite zuwenig Aufmerksamkeit. Er trägt ihr zwar Rechnung, wo er sich über den Marktpreis ausläßt, schreibt jedoch, als wäre der natürliche Preis allein durch die drei Kostenfaktoren bestimmt. Smith zufolge gibt es eine Durchschnittsgröße für Löhne, Gewinne und Bodenrenten, zum Teil abhängig von den allgemeinen Verhältnissen einer Gesellschaft (ob sie reich oder arm ist, in der Entwicklung begriffen, stationär oder rückläufig) und zum Teil von den besonderen Verhältnissen in einzelnen Berufszweigen, Unternehmen oder im Hinblick auf Grund und Boden. Der natürliche Preis einer Ware ist nach Smith jener Preis, der gerade die Produktionskosten bei durchschnittlichen oder »natürlichen« Löhnen, Gewinnen und Bodenrenten deckt, nicht mehr und nicht weniger. Der Marktpreis zu einem bestimmten Zeitpunkt kann gleich dem natürlichen Preis sein, er kann darüber oder darunter liegen und hängt vom Verhältnis zwischen Angebot und Nachfrage ab. (Mit »Nachfrage« ist die »effektive« oder wirksame Nachfrage gemeint, d. h. die Nachfrage derjenigen, die in der Lage und bereit sind, ungefähr den natürlichen Preis zu bezahlen, jene Kosten, die bezahlt werden müssen, damit die Ware überhaupt am Markt erscheint. Ein armer Mann hätte vielleicht gern eine eigene Kutsche, aber da er die Kosten zur Herstellung einer Kutsche nicht bezahlen kann, stellt sein Wunsch keine wirksame Nachfrage dar.) Übersteigt die Nachfrage das Angebot, so sind einige Abnehmer bereit, mehr zu bezahlen, und der Marktpreis steigt. Fällt die Nachfrage unter das Angebot, so bleiben einige Waren unverkauft, und die Anbieter senken die Preise, um die Nachfrage zu erhöhen und ihre Bestände abzusetzen. Jeder Anstieg oder Rückgang des Marktpreises über oder unter den natürlichen Preis ist indessen lediglich vorübergehend. Liegt der Marktpreis über dem natürlichen Preis, so wird die Aussicht auf einen höheren als den durchschnittlichen Gewinn einen Anreiz bieten, größere Mengen dieser Ware herzustellen. Das erhöhte Angebot im Verein mit der Konkurrenz der Anbieter bewirkt, daß der Marktpreis bald wieder sinkt. Ist andererseits der Marktpreis niedriger als der natürliche Preis, so werden die Produktionskosten nicht erwirtschaftet. Mindestens einer der drei Faktoren Löhne, Gewinn, Bodenrente muß verringert werden. Das Ergebnis wird sein, daß einige Arbeiter nicht mehr arbeiten und sich eine andere Beschäftigung suchen, oder einige Unternehmer werden ihr Geld nicht mehr in die Erzeugung dieser Ware investieren, oder einige Grundbesitzer werden sich weigern, ihr Land für eine geringere Bodenrente als bisher zu verpachten. Damit geht das Angebot zurück, es kann die Nachfrage nicht mehr decken, und der Marktpreis steigt. Die allgemeine Folge ist, daß der schwankende Marktpreis sich nach einiger Zeit wieder auf den natürlichen Preis einpendelt.

Da der natürliche Preis letzten Endes ein halbstabiler Marktpreis ist, auf den die anderen Marktpreise sich einpendeln werden, ist er genau wie diese dem Einfluß der Nachfrage im Verhältnis zum Angebot unterworfen. Smith' eigene Untersuchung zeigt, daß die durchschnittlichen oder natürlichen Größen der drei Kostenfaktoren, die angeblich den natürlichen Preis determinieren, selbst wiederum dem Spiel von Angebot und Nachfrage unterworfen sind. Die Nachfrage nach Arbeitskräften, Kapital und Boden von einem Unternehmen, das eine bestimmte Warenart produziert, konkurriert mit der Nachfrage anderer Unternehmen, die andere Waren produzieren, nach denselben Produktionsfaktoren; und der »Preis«, der hierfür geboten wird, d. h. die Höhe der Löhne, Gewinne und Bodenrenten hängt vom Angebot im Verhältnis zu konkurrierenden Nachfragen ab. Das heißt nicht, daß alle Marktmechanismen durch Angebot und Nachfrage erklärt werden können. Es bleibt jedoch bestehen, daß Smith der Rolle der Nachfrage zuwenig Aufmerksamkeit geschenkt hat.

Smith zeigt sodann, daß die Bestimmung der Löhne, des Gewinns und der Bodenrente in der Wirklichkeit eine komplexe Angelegenheit ist, die sich nicht auf einen einzelnen Vorgang wie das Spiel von Angebot und Nachfrage reduzieren läßt. Er behandelt jeden der drei Kostenfaktoren einzeln, wobei er besonders an den Löhnen interessiert ist. Ökonomen bezeichnen diesen Teil seines Buches als seine Distributionstheorie, d. h. seine Erklärung, auf welche Weise das für die Waren erlöste Geld auf die drei Kostenfaktoren verteilt wird, aus denen sich die Produktionskosten zusammensetzen.

Auf die Löhne wirken zwei entgegengesetzte Kräfte ein: Die Unternehmer verabreden sich, um die Löhne niedrig zu halten, während die Arbeiter Absprachen treffen, um sie möglichst hoch zu halten. In diesem Kampf waren die Arbeitgeber (zu Lebzeiten von Adam Smith) in der bei weitem stärkeren Position. Es gibt nach Smith jedoch ein bestimmtes Minimum, unter das der Lohn nicht gedrückt werden kann, die Kosten für den Unterhalt des Arbeiters und seiner Familie mit mindestens vier Kindern (wegen der hohen Kindersterblichkeit), damit neue Arbeiter heranwachsen können. Das klingt wie eine gefühllose, rein wirtschaftliche Überlegung – der Unternehmer darf die Gans nicht schlachten, die ihm goldene Eier legt –, aber Smith spricht auch von der Höhe dieses Mindestlohns als vom »niedrigste(n) Niveau ..., das sich mit unseren Vorstellungen über Humanität eben noch vereinbaren läßt« (WN 62). Smith, der Ökonom, ist zugleich auch Smith, der Moralphilosoph.

Nicht immer sind die Arbeiter jedoch filzigen Unternehmern, die die Macht haben, die Löhne auf ein nacktes Existenzminimum herabzudrücken, auf Gedeih und Verderb ausgeliefert. In einer Wachstumswirtschaft steigt die Nachfrage nach Arbeitskräften, und die Arbeitgeber sind genötigt, ihre Absprachen zu vergessen und auf dem Arbeitsmarkt als gegenseitige Konkurrenten anzutreten, wodurch die Arbeitslöhne steigen. Smith illustriert diesen Sachverhalt durch einen Vergleich der dynamischen Wirtschaften Englands und der Vereinigten Staaten mit der statischen Wirtschaft Chinas und der rückläufigen Bengalens. Das führt ihn zu der Beobachtung, daß es »nicht die absolute Höhe des nationalen Wohlstandes (ist), sondern seine kontinuierliche Zunahme, von welcher ein Anstieg der Arbeitslöhne abhängt« (WN 61). Er bemerkt außerdem, daß höhere Löhne zum Wachstum der Bevölkerung und zur Steigerung der Gesundheit und Körperkraft der Arbeiter führen. Auch hier macht sich in Smith' Urteil über die Folgen dieses Prozesses der Moralphilosoph bemerkbar.

»Ist diese Verbesserung der Lebensumstände der unteren Schichten auch für die Gesellschaft als ganzes vorteilhaft oder nachteilig? Die Antwort scheint auf den ersten Blick äußerst einfach zu sein. Dienstboten, Tagelöhner und Arbeiter bilden die Masse der Bevölkerung eines jeden Landes, so daß man deren verbesserte Lebenslage wohl niemals als Nachteil für das Ganze betrachten kann. Und ganz sicher kann keine Nation blühen und gedeihen, deren Bevölkerung weithin in Armut und Elend lebt. Es ist zudem nicht mehr als recht und billig, wenn diejenigen, die alle ernähren, kleiden und mit Wohnung versorgen, soviel vom Ertrag der eigenen Arbeit bekommen sollen, daß sie sich selbst richtig ernähren, ordentlich kleiden und anständig wohnen können.« (WN 68)

Ohne wirtschaftliches Wachstum würden die Löhne langfristig auf das Niveau des Existenzminimums sinken, und das wäre die »natürliche« Lohnhöhe.

Sodann versucht Smith, die Ungleichheit des Arbeitslohns in verschiedenen Tätigkeitsbereichen zu erklären. Er nennt fünf Gründe für eine unterschiedliche Entlohnung.

1. Eine unangenehme Arbeit muß besser bezahlt werden als eine angenehme, um genügend Arbeitskräfte anzuziehen. Eine bestimmte Arbeit kann unangenehmer sein als eine andere, weil sie schwerer oder schmutziger oder gefährlicher oder weniger geachtet ist.

2. Eine Arbeit, die eine langwierige oder mühselige Ausbildung erfordert, muß besser entlohnt werden, um die Kosten oder die Schwierigkeit der Ausbildung zu vergüten. Smith vergleicht die Ausbildung eines Mannes in einer Fertigkeit mit der Herstellung einer teuren Maschine. Die Kosten für den Bau der Maschine müssen als Teil des Gewinns hereinge-

holt werden, der beim Verkauf ihrer Produkte erzielt wird, und sie müssen erwirtschaftet sein, bevor die Maschine verschlissen und durch eine andere ersetzt worden ist. In ähnlicher Weise kommen die Kosten und die Schwierigkeit (Lästigkeit) der Ausbildung für einen handwerklichen oder einen akademischen Beruf in einem höheren Lohn oder Gehalt zum Ausdruck.

3. Eine Beschäftigung, die nur zeitweilig ausgeübt wird oder unsicher ist, muß besser bezahlt werden als eine dauerhafte Arbeit. So sind beispielsweise Steinmetze und Maurer von der Witterung, Kohleschlepper von der Ankunft der Kohlefrachter abhängig.

4. Beschäftigungen, bei denen man ein hohes Maß an Vertrauen in den Arbeiter setzen muß, müssen höher entlohnt werden. Smith gibt zwei unterschiedlich geartete Beispiele. Goldschmieden und Juwelieren vertraut man wertvolle Ausgangsstoffe an. Ärzten und Rechtsanwälten vertraut man die Gesundheit und das Vermögen oder den Ruf derer an, von denen sie konsultiert werden. Es ist jedoch nicht klar, was diesen beiden Formen des Vertrauens gemeinsam ist, so daß sie eine bessere Bezahlung rechtfertigen, wenn man Smith' eigene Erklärung des Wirtschaftssystems zugrundelegt. Der höhere Lohn für Goldschmiede und Juweliere soll diese vermutlich davon abhalten, die ihnen anvertrauten Wertgegenstände zu veruntreuen. Der Rechtsanwalt, dem wir »unser Vermögen und gelegentlich auch unser Leben und Ansehen (anvertrauen)« (WN 90), ist dem Goldschmied und dem Juwelier vielleicht insofern vergleichbar, als auch er sich mit unserem Vermögen aus dem Staub machen kann. Aber warum sollte er versucht sein, unser Leben oder unser Ansehen aufs Spiel zu setzen? Und warum sollte der Arzt einer Versuchung erliegen, unsere Gesundheit zu vernachlässigen? Smith sagt, daß man das dem Arzt und dem Rechtsanwalt erwiesene Vertrauen »nicht gefahrlos in Leute setzen (könnte), die in sehr bescheidenen oder ärmlichen Verhältnis-

sen leben« (WN 90), deshalb müssen wir dafür Sorge tragen, daß der Arzt und der Rechtsanwalt eine geachtete gesellschaftliche Position einnehmen. Ich vermute einmal, es war Smith' Gedanke, daß Ärzte und Anwälte in ihrem Beruf mit einem hohen Verantwortungsbewußtsein gegenüber ihren Klienten handeln müssen, also mit einem gewissen Altruismus, im Gegensatz zum Metzger, Brauer und Bäcker, die ihrem Gewerbe aus reinem Eigennutz nachgehen.

5. Unsichere Erfolgsaussichten eines Berufs, z. B. im Rechtswesen, müssen durch die Aussicht auf überdurchschnittlich hohe Einkünfte bei guten eigenen Leistungen ausgeglichen werden. Diese Begründung dafür, daß manche Tätigkeiten besser bezahlt werden als andere, ist letztlich dieselbe wie die dritte, die höhere Löhne durch die Unsicherheit (oder Unregelmäßigkeit) einer Arbeit erklärt.

Im Zusammenhang mit diesem letzten Grund macht Smith eine interessante psychologische Beobachtung. Die Menschen neigen dazu, sagt er, ihrem Glück blind zu vertrauen. Sie überschätzen ihre Erfolgschancen und unterschätzen das Risiko eines Verlusts. Er belegt dies an den Beispielen der Lotterie und der Schadensversicherung. Da eine Lotterie denen, die sie veranstalten, einen gewissen Gewinn bringen muß, sind die Gewinne der Mitspieler zwangsläufig in der Summe geringer als das Geld, das sie insgesamt für die Lose bezahlt haben. Das hält die Leute jedoch nicht davon ab, einen Versuch in der Hoffnung zu wagen, einen der glitzernden Preise zu gewinnen. Viele von ihnen glauben ihre Chancen zu verbessern, wenn sie mehrere Lose kaufen, aber rein mathematisch gesehen erhöhen sie damit lediglich die Wahrscheinlichkeit eines Verlusts, da diese Wahrscheinlichkeit zur Gewißheit wird, wenn jemand alle Lose kauft und alle Preise gewinnt: Deren Wert ist gleich seinem Einsatz, abzüglich des von den Veranstaltern einbehaltenen Gewinns. Am Beispiel von Versicherungen verdeutlicht Smith die Neigung der Menschen, das Risiko eines Schadens oder Verlusts zu unterschätzen. Viele Hausbesitzer vermeiden es, ihr Eigentum gegen Feuer versichern zu lassen, aber nicht weil sie die Kosten für die Prämien gegen die Gefahr eines Brandschadens vernünftig abwägen, sondern weil sie einfach darauf vertrauen, daß gerade ihr Haus vom Blitz verschont bleibt.

Dieses irrationale Verhalten mindert die Überzeugungskraft des fünften von Smith angeführten Grundes für ungleiche Arbeitslöhne. Wie Smith selbst feststellt, verführt die Neigung zur Überschätzung der eigenen Glückschancen junge Menschen dazu, die Gefahren zu mißachten, die mit dem Beruf eines Seemanns oder Soldaten verbunden sind – oder mit der Entscheidung für ein Rechtsstudium. Smith stellt fest, daß der Sold und die Heuer für Soldaten und Seeleute zu seiner Zeit nicht höher waren als der Lohn eines gewöhnlichen Arbeiters, obgleich sie aufgrund der mit dem Beruf verbundenen Gefahren hätten höher sein müssen. Auf derselben Ebene liegt es, wenn Smith bemerkt, daß die Gebühren erfolgreicher Rechtsanwälte zwar extrem hoch erscheinen, die Angehörigen der Rechtsberufe insgesamt jedoch im Verhältnis zu den tatsächlichen Chancen des Erfolgs oder Mißerfolgs unterbezahlt sind.

Die allgemeine Idee, die sich aus Smith' Erörterung der Höhe des Arbeitslohns ergibt, ist die eines Gleichgewichts zwischen der Unannehmlichkeit eines Berufs und der Annehmlichkeit des mit ihm verbundenen Verdienstes. Die Arbeit muß denen, die sie verrichten, als etwas Lohnenswertes erscheinen. Sie werden eine Tätigkeit nicht akzeptieren, wenn sie für eine andere, die weniger Unannehmlichkeiten bietet, denselben Lohn erhalten oder einen höheren Lohn für eine Arbeit, die ähnliche Unannehmlichkeiten aufweist. Smith geht davon aus, daß ganz allgemein jede Arbeit Unannehmlichkeit bedeutet – »Anstrengung und Mühe«. Hierfür gibt es verschiedene Gründe: die Mühseligkeit der Arbeit selbst oder der mit ihr verbundenen Ausbildung, Gefährlichkeit oder widerwärtiger Schmutz, Risiko des Scheiterns. Wo eine bestimmte Tätigkeit geringer geschätzt wird als eine andere, bewirkt der Anreiz einer besseren Bezahlung ein Gleichgewicht. Die Ungleichheiten in der Entlohnung werden wieder ausgeglichen durch die entgegengesetzten Ungleichheiten im Grad der Annehmlichkeit einer Tätigkeit. Wenn man die Vorteile der Entlohnung gegen die Nachteile einer bestimmten Berufstätigkeit aufrechnet, verschwinden die Ungleichheiten; genauer gesagt, sie würden verschwinden, wenn der natürliche Wirtschaftsprozeß nicht künstlichen Beschränkungen unterworfen wäre und wenn die Ausbreitung dieser und ähnlicher Erkenntnisse nicht ihre Grenzen hätte.

Smith' Erklärung für die Ungleichheit der Löhne müßte eigentlich auch zu der Idee eines Gleichgewichts zwischen Angebot und Nachfrage auf dem Arbeitsmarkt führen, doch ebenso wie in seiner Erörterung des natürlichen Preises schenkt er diesem Punkt keine Aufmerksamkeit. Wenn die Nachteile einer Berufstätigkeit nicht durch höheren Verdienst ausgeglichen werden, dann wird die Nachfrage nach Arbeitern in diesem Beruf nicht befriedigt, so daß die Arbeitgeber die Löhne hierfür erhöhen müssen. Wenn auf der anderen Seite der Geldlohn für eine Tätigkeit deren Nachteile mehr als aufwiegt, wird es zahlreiche Bewerber um solche Stellen geben, so daß die Löhne sinken werden.

In seiner Erörterung der natürlichen Höhe des Gewinns meint Smith, diese lasse sich am besten aus der durchschnittlichen Zinsrate ableiten, da Zinsen und Gewinne unterschiedliche Formen des Kapitalertrags seien. Der Gewinn wird ebenso wie der Arbeitslohn durch wirtschaftliches Wachstum oder wirtschaftlichen Niedergang beeinflußt, allerdings in umgekehrter Richtung. Einige der Gründe für eine ungleiche Entlohnung führen auch zu ungleich hohen Gewinnen. Ein Unternehmen, das mit Unannehmlichkeiten verbunden oder allgemeiner Geringschätzung ausgesetzt ist, z. B. die Führung eines Gasthauses, trägt einen hohen Gewinn ein. Dasselbe gilt für besonders riskante Unternehmen wie den Handel mit dem Ausland oder – das Schmuggelgeschäft! Ebenso wie bei hohen Löhnen für unangenehme oder risikoreiche Tätigkeiten sind die Menschen bereit, die Nachteile eines unliebsamen oder riskanten Unternehmens nur dann in Kauf zu nehmen, wenn diese durch besonders hohe Gewinne wieder ausgeglichen werden.

Die natürliche Höhe der Bodenrente ist nach Smith der höchste Preis, den ein Pächter gerade noch bezahlen kann, wobei selbstverständlich Unterschiede in der Fruchtbarkeit oder der Lage des betreffenden Bodens zu berücksichtigen sind. Der Preis der Produkte muß die gewöhnlichen Lohnkosten und die gewöhnliche Profitrate decken. Der Überschuß, der sich aus dem Verkauf der Produkte des Bodens nach Abzug der Lohnkosten und der Gewinnspanne ergibt, ist das, was der Grundeigentümer als Rente verlangt. Ob die Rente hoch oder niedrig ist, hängt deshalb davon ab, ob die Preise hoch oder niedrig sind. In dieser Hinsicht unterscheidet sich die Rente von den Löhnen und Gewinnen, deren Höhe eine Ursache und keine Folge der Höhe der Preise ist.

Nachdem wir nunmehr eine Vorstellung von den Beziehungen zwischen dem natürlichen Preis und seinen drei Bestandteilen Löhne, Gewinn und Bodenrente gewonnen haben, kehren wir zurück zu Smith' Unterscheidung zwischen dem »Realpreis« oder Arbeitswert und dem »Nominalpreis« oder Geldwert. Smith beschreibt den ersteren als das »wahre Maß« für den Tauschwert einer Ware.

»Der wirkliche oder reale Preis aller Dinge, also das, was sie einen Menschen, der sie haben möchte, in Wahrheit kosten, sind die Anstrengung und Mühe, die er zu ihrem Erwerb aufwenden muß. Was Dinge wirklich für jemanden wert sind, der sie erworben hat und der über sie verfügen oder sie gegen etwas anderes tauschen möchte, sind die Anstrengung und Mühe, die er sich damit ersparen und die er anderen aufbürden kann.« (WN 28)

Wie wir im Zusammenhang mit unterschiedlichen Löhnen für unterschiedliche Beschäftigungen gesehen haben, nimmt Smith an, daß Arbeit etwas Unangenehmes ist, »Anstrengung und Mühe«. Wir verrichten sie wegen der nützlichen Dinge, als Mittel zum Genuß, die sie uns verschafft. Wenn wir Güter erwerben, die uns das Leben angenehm machen sollen und durch die Arbeit anderer Menschen und nicht durch unsere eigene erzeugt wurden, ersparen wir uns Anstrengung und Mühe und sind bereit, dafür zu bezahlen. In einem primitiven Gesellschaftsstadium, einer Gesellschaft von Jägern, bemessen sich die Kosten für den Erwerb eines Gutes allein in Arbeit. Auf späteren Entwicklungsstufen kommen die Kosten für den Kapitalgewinn und die Bodenrente hinzu. Dennoch trifft es zu, daß ich mir durch den Kauf von Gütern, die andere hergestellt haben, Anstrengung und Mühe erspare und daß der Kaufpreis eine Verfügung über die Anstrengung und Mühe ist, die andere statt meiner auf sich genommen haben.

»Deshalb ist der Wert einer Ware für ihren Besitzer, der sie nicht selbst nutzen oder konsumieren, sondern gegen andere tauschen möchte, gleich der Menge Arbeit, die ihm ermöglicht, sie zu kaufen oder darüber zu verfügen. Arbeit ist demnach das wahre oder tatsächliche Maß für den Tauschwert aller Güter.« (WN 28)

Häufig stößt es allerdings auf Schwierigkeiten, Arbeit zu quantifizieren, wenn man den Wert verschiedener Dinge in bezug zueinander vergleichen will. Man kann die für die Herstellung des Guts aufgewendete Zeit messen, aber die Zeit ist nicht der einzige Faktor, der die Arbeit zu etwas Unangenehmem macht. Die Arbeit kann mehr oder weniger mühselig sein und mehr oder weniger geistige Anstrengung erfordern (obwohl nicht ersichtlich ist, warum Smith annehmen sollte, geistige Anstrengung sei etwas Unangenehmes). In der Praxis werden die Werte der Güter »in einem Aushandeln und Feilschen auf dem Markt« festgelegt (WN 29), wobei sowohl die körperliche als auch die geistige Anstrengung berücksichtigt werden.

Smith schickte seinem Kapitel über Wert und Preis eine Bitte um Nachsicht voraus. Dort heißt es: »trotz aller Bemühung um Klarheit (mag) einiges noch undeutlich bleiben, da der Gegenstand selbst äußerst abstrakt ist« (WN 28). Auf jeden Fall ließ seine Darstellung viel Raum für Debatten. Marx und andere haben Smith vorgeworfen, er habe bei seinem Versuch, eine Arbeitswerttheorie zu entwickeln, die in einem Produkt »vergegenständlichte Arbeit« mit der Arbeit verwechselt, über die das Produkt »verfügt«. Moderne Wirtschaftstheoretiker behaupten, in Smith' Werttheorie gehe es um etwas völlig anderes, nämlich um das Problem der Bestimmung einer Maßzahl oder eines Index für das Wohlergehen einer Gesellschaft, für das Übergewicht der »Annehmlichkeit« (der Dinge, die das Leben lebenswert machen oder die als Mittel zu solchen Dingen verhelfen) über die »Unannehmlichkeiten«. Smith' einleitende Bemerkung zeigt, daß er den Zusammenhang zwischen seiner Erklärung des Wertes und der der Geldpreise nicht klargemacht hat, aber der von Marx und anderen erhobene Vorwurf ist sicherlich falsch. Man kann sehen, warum er versucht hat, die »Unannehmlichkeit« (»disutility«, wie moderne Ökonomen sich ausdrücken) der Anstrengung und Mühe mit seiner Theorie der Preise zu verknüpfen, doch seine Erklärung für die Wirkungsweise des Wirtschaftssystems ist im Grunde genommen auf seine Werttheorie gar nicht angewiesen.

Smith' Analyse läßt sich zwar auf eine statische Wirtschaft anwenden: Bei der Erzeugung von Gütern fallen Kosten an, die nach deren Verkauf an die drei »Klassen« der Arbeiter, Unternehmer und Grundrentner zurückgezahlt werden. Smith' Hauptinteresse gilt jedoch dem wirtschaftlichen Fortschritt; er will zeigen, wie eine dynamische Wirtschaft eine anhaltende Vermehrung des Wohlstandes erzeugen kann. Von den Physiokraten hatte er den Grundgedanken übernommen, die Wirtschaft als einen Kreislauf von Geld und Gütern zwischen den verschiedenen Gruppen darzustellen, ging allerdings weit mehr ins Detail als diese, als er die Funktionen von Kapital und Einkommen, den Unterschied zwischen Anlage- und Umlaufkapital, die

Rolle des Geldes und der Banken und vor allem die Bedeutung des Sparens herausarbeitete.

Smith geht davon aus, daß ein Mann, der sich alle Lebensnotwendigkeiten selbst beschafft, weil es noch keinerlei Arbeitsteilung gibt, von der Hand in den Mund leben kann und keine Notwendigkeit sieht, einen Gütervorrat anzulegen. Sobald es jedoch eine Arbeitsteilung gibt und ein Austausch der Arbeitsprodukte stattfindet, muß ein Produzent den größeren Teil seiner Erzeugnisse als Vorräte für den Zeitpunkt lagern, zu dem sie von anderen gebraucht werden. Wenn er alles verkauft hat, verwendet er einen Teil des Erlöses für seinen eigenen unmittelbaren Bedarf und einen Teil für den Kauf von Materialien und Werkzeugen, die er für seine zukünftige Güterproduktion benötigt. Wir können deshalb seinen »Vorrat« (aus produzierten Gütern und aus Geld, das er aus deren Verkauf erlöst hat) in zwei Teile zerlegen, einen für den unmittelbaren Verzehr und einen als Vorsorge für künftiges Einkommen. Der zweite Teil ist sein Kapital, das seinerseits aus Anlage- und Umlaufkapital besteht. Das Umlaufkapital wird für die Produktion, für Einkäufe und Verkäufe benötigt, so daß ein Gewinn erwirtschaftet wird; das Geld und die mit Geld erworbenen Güter zirkulieren zwischen Produzenten, Käufern und Verkäufern. Das Anlagekapital dient zum Kauf von Maschinen und Werkzeugen, dem Bau von Fabrikgebäuden und zur Verbesserung des Bodens; all dies sind Produktionsmittel, die an Ort und Stelle bleiben, während das Umlaufkapital (Geld und Güter) zirkuliert.

Was für den einzelnen gilt, so Smith, das gilt auch für die Gesellschaft insgesamt. Auch deren Vorrat läßt sich aufteilen in einen Teil, der dem unmittelbaren Gebrauch oder Verbrauch dient, einen Teil, der das Anlagekapital, und einen, der das Umlaufkapital darstellt. Wenn Smith jedoch seine Analyse auf die Wirtschaft eines Landes insgesamt anwendet, wird ihre Erklärungskraft größer. Die Unterscheidung zwischen den Kategorien ist nicht unbedingt dieselbe wie beim einzelnen Individuum. So kann z. B. ein Wohnhaus seinem Eigentümer Einkünfte in Form von Mieten einbringen und somit ein Teil seines Kapitals sein; da der Mieter die Miete jedoch aus seinen Einkünften bezahlt, erhöht das Mietshaus nicht die Gesamteinkünfte der Gesellschaft und kann deshalb nicht als Kapital zählen, sondern muß dem Bestand zugerechnet werden, der dem unmittelbaren Gebrauch und Konsum dient. Zum Anlagekapital der Gesellschaft insgesamt gehören die Fertigkeiten der Mitglieder – das Humankapital – ebenso wie die materiellen Produktionsmittel. Schließlich ist die Funktion des Umlaufkapitals in der Gesamtwirtschaft nicht nur komplexer, sondern auch der eigentliche Kern des Wirtschaftsmodells. Hier entwickelt Smith die von Quesnay übernommene Idee eines Kreislaufs weiter. Umlaufkapital besteht aus Geld und (bereits produzierten oder im Produktionsprozeß befindlichen) Gütern, die in absehbarer Zeit verkauft werden. Geld und Güter zirkulieren jedoch zwischen den verschiedenen gesellschaftlichen Gruppen. Das in Form von Löhnen, Gewinnen und Bodenrenten erworbene Geld wird gegen Güter getauscht, die schließlich dem Umlaufkapital entzogen und entweder dem Bestand an Gütern für den unmittelbaren Verbrauch oder dem Anklagekapital zugeführt werden. Diese Abgänge müssen durch die erneute Produktion von Rohstoffen oder Fertigerzeugnissen ersetzt werden. Somit hängen sowohl der Verbrauch als auch das Anlagekapital vom Umlaufkapital ab: der Verbrauch, weil fast alle für den Konsum bestimmten Güter von den Verbrauchern gekauft und nicht selbst erzeugt werden; das Anlagekapital, wenn es gekauft und wenn es dazu benutzt wird, weitere Güter zu produzieren.

Die Ergänzung des Umlaufkapitals muß durch die Produktion erfolgen, und wir müssen sehen, daß nur ein Teil der Arbeitskräfte der Gesellschaft zur Produktion beiträgt. Viele Arbeiter, die Dienstleistungen verrichten, tragen nichts zum Wert der Produktion bei – Dienstboten, die Angehörigen der Streitkräfte, Beamte, viele akademische Berufe sowie Unterhaltungskünstler. Smith behauptet nicht, diese Menschen seien nutzlose Schmarotzer wie die müßigen Reichen. Ihre Arbeit ist zweifellos nützlich oder (im Fall der Unterhaltungskünstler) ergötzlich für die Gesellschaft allgemein. Produktive und unproduktive Arbeit haben beide ihren Wert, doch der Wert der produktiven Arbeit wird den bearbeiteten Rohgütern hinzugefügt, so daß diese später noch genutzt werden können, während der Wert unproduktiver Arbeit sogleich verbraucht wird.

»Die Arbeit des Fabrikarbeiters (manifestiert sich) in einem einzelnen Werkstück oder einer käuflichen Ware, so daß sie auch noch eine Zeitlang nach der Bearbeitung fortbesteht. Dadurch wird es möglich, eine bestimmte Menge Arbeit gleichsam anzusammeln und zu speichern, um sie, falls erforderlich, bei anderer Gelegenheit wieder zu verwenden. Mit Hilfe eines solchen Gutes oder, was das gleiche ist, seines Wertes oder Preises, können späterhin, falls nötig, ebenso viele Arbeiter beschäftigt werden, wie es ursprünglich erzeugt haben. Umgekehrt wird die Arbeit eines Dienstboten nirgends sichtbar, weder in einem Werkstück noch in einem käuflichen Gut. Im allgemeinen geht seine Leistung im selben Augenblick unter, in dem er sie vollbringt, ohne eine Spur oder einen Wert zu hinterlassen, mit dem man später wieder eine entsprechende Leistung kaufen könnte.« (WN 272 f.)

Dasselbe gilt auch für die unproduktive Arbeit einiger anderer Berufe, »die äußerst wichtig und bedeutend oder sehr anrüchig sind ... Zweifellos hat selbst die Tätigkeit des Geringsten unter ihnen einen gewissen Wert ... Und dennoch vermag selbst der Ehrenwerteste und der Nützlichste unter ihnen nichts zu liefern, womit man später einen gleichen Dienst kaufen oder besorgen könnte. Wie die Deklamation eines Schauspielers, die feierliche Ansprache eines Redners oder der Ton eines Musikers, so geht auch die Arbeit der anderen in dem Augenblick unter, in dem sie entsteht.« (WN 273)

Die Produktion läßt sich steigern, indem man entweder die Zahl der produktiven Arbeiter erhöht oder ihre Produktivkraft durch mehr und leistungsfähigere Maschinen oder durch weitere Arbeitsteilung verbessert. Alle diese Methoden erfordern zusätzliches Kapital, um die Löhne und Maschinen bezahlen zu können. Die Akkumulation von Kapital ist nur durch Sparen möglich, eine Senkung der Ausgaben für den unmittelbaren Verbrauch und die Verwendung des Ersparten für eine Steigerung der Produktion – entweder direkt, wenn man selbst Unternehmer ist, oder indirekt, indem man das Kapital gegen Zinsen (eine Form des Gewinns) an Unternehmer ausleiht. Sparen bedeutet, Kapital nicht untätig liegen zu lassen, sondern ihm die Möglichkeit zu verschaffen, produktiv statt unproduktiv genutzt zu werden.

»Die Ersparnis in einem Jahr wird regelmäßig, wie die jährlichen Konsumausgaben, beinahe in der gleichen Zeit verbraucht, allerdings von anderen Personen. So wird der Teil des Einkommens, den ein Wohlhabender im Jahr hindurch ausgibt, in den meisten Fällen von Gästen und Dienstpersonal verbraucht, die für ihren Konsum nicht die geringste Gegenleistung bieten. Der Teil aber, den er jährlich spart und unmittelbar als Kapital investiert, um einen Gewinn zu erzielen, wird zwar auf gleiche Art und auch beinahe in der gleichen Zeit verbraucht, doch von ganz anderen Leuten, nämlich von Arbeitern, Fabrikanten und Handwerkern, die ihren Jahreskonsum mit Gewinn reproduzieren.« (WN 279)

Es kommt jedoch noch hinzu, daß die Ersparnisse eines Jahres nicht einfach zusätzliche Arbeitsplätze für ein Jahr schaffen. Da zusätzliche Arbeitskräfte Güter erzeugen, die mehr als nur ihre Kosten einbringen können, können sie auch in den folgenden Jahren beschäftigt werden, so daß eine einmalige Ersparnis es sogar »ermöglicht ..., ihre Zahl auch über längere Zeit stets gleichzuhalten« (WN 279). Wenn sich die Vorteile des Sparens herumsprechen, wächst das Sparvermögen, und der Wohlstand nimmt immer mehr zu. Der Kreislauf einer stationären Wirtschaft wird zu einer immer breiteren Spiralbewegung einer wachsenden Wirtschaft.

Es kann natürlich ebenso gut zu einer immer enger werdenden Spiralbewegung in einer verkümmernden Wirtschaft kommen, wenn übermäßige Ausgaben für den unmittelbaren Verbrauch zuwenig Kapital zur Bezahlung der vorhandenen produktiven Arbeitskräfte übriglassen. Zum Glück für die menschliche Natur ist der Anreiz zum Sparen stärker als der zur Verschwendung.

»Was die Verschwendung anbelangt, so ist die Begierde nach augenblicklichem Genuß Grund für spontane Geldausgabe. So heftig und unwiderstehlich diese Passion gelegentlich auch sein mag, gewöhnlich ist sie nur von kurzer Dauer. Auch tritt sie nur ab und an auf. Das Motiv zum Sparen liegt hingegen in dem Wunsch, die Lebensbedingungen zu verbessern, ein Verlangen, das uns zwar im allgemeinen ruhig und leidenschaftslos läßt, aber doch ein ganzes Leben lang begleitet, von der Geburt bis zum Tode.« (WN 282)

Natürliche Freiheit

Wir werden noch sehen, daß diese Analyse in ihrer ganzen Komplexität auf dem Motiv des Eigeninteresses aufbaut, angefangen mit dem Eintreten in Tauschbeziehungen zur Erleichterung von »Anstrengung und Mühe« bis hin zur Ansammlung von Kapital zur Verbesserung unserer Lebensverhältnisse. Das komplexe System mit seinen Gleichgewichten und seinen – erweiterten oder verengten – Kreisläufen kann auf bewußtes Planen völlig verzichten. Es weist einen hohen und ständig zunehmenden Grad an gegenseitiger Abhängigkeit auf, dennoch entwickelt sich alles auf natürliche Weise aus dem Wechselspiel der Eigeninteressen. An einer Stelle seines Buches verdeutlicht Smith mit einer verblüffenden Metapher den paradoxen Sachverhalt, daß die Verfolgung des Eigeninteresses durch die einzelnen Individuen genau jenen allgemeinen Zustand des Wohlbefindens herbeiführen kann, wie er von idealistischen Moralisten und Theologen als Utopie entworfen wird:

»Wenn ... jeder einzelne soviel wie nur möglich danach trachtet, sein Kapital zur Unterstützung der einheimischen Erwerbstätigkeit einzusetzen und dadurch diese so lenkt, daß ihr Ertrag den höchsten Wertzuwachs erwarten läßt, dann bemüht sich auch jeder einzelne ganz zwangsläufig, daß das Volkseinkommen im Jahr so groß wie möglich werden wird. Tatsächlich fördert er in der Regel nicht bewußt das Allgemeinwohl, noch weiß er, wie hoch der eigene Beitrag ist ... Er (strebt) lediglich nach eigenem Gewinn. Und er wird in diesem wie auch in vielen anderen Fällen von einer unsichtbaren Hand geleitet, um einen Zweck zu fördern, den zu erfüllen er in keiner Weise beabsichtigt hat.« (WN 370 f.)

Smith hatte einige Jahre zuvor, in seiner *Theorie der ethischen Gefühle,* das Bild von der unsichtbaren Hand noch ausschmückender gebraucht, um die Wirkung des wirtschaftlichen Wachstums auf die Zahl der Arbeitsplätze zu beschreiben:

»Durch diese Mühen und Arbeiten der Menschen ist die Erde gezwungen worden, ihre natürliche Fruchtbarkeit zu verdoppeln und eine größere Menge von Einwohnern zu erhalten. Es ist vergebens, daß der stolze und gefühllose Grundherr seinen Blick über ausgedehnte Felder schweifen läßt und ohne einen Gedanken an die Bedürfnisse seiner Brüder in seiner Phantasie die ganze Ernte, die auf diesen Feldern wächst, selbst verzehrt. Das ungezierte und vulgäre Sprichwort, daß das Auge mehr fasse als der Bauch, hat sich nie vollständiger bewahrheitet als in bezug auf ihn. Das Fassungsvermögen seines Magens steht in keinem Verhältnis zu der maßlosen Größe seiner Begierden, ja, sein Magen wird nicht mehr aufnehmen können als der des geringsten Bauern. Den Rest muß er unter diejenigen verteilen, die auf das sorgsamste das Wenige zubereiten, das er braucht, unter diejenigen, die den Palast einrichten oder instandhalten, in welchem dieses Wenige verzehrt werden soll, unter diejenigen, die all den verschiedenen Kram und Tand besorgen und in Ordnung halten, der in der Haushaltung der Vornehmen gebraucht wird; sie alle beziehen so von seinem Luxus und seiner Launenhaftigkeit ihren Teil an lebensnotwendigen Gütern, den sie sonst vergebens von seiner Menschlichkeit oder von seiner Gerechtigkeit erwartet hätten ... Die Reichen ... verzehren wenig mehr als die Armen; trotz ihrer natürlichen Selbstsucht und Raubgier und obwohl sie nur ihre eigene Bequemlichkeit im Auge haben, obwohl der einzige Zweck, welchen sie durch die Arbeit all der Tausende, die sie beschäftigen, erreichen wollen, die Befriedigung ihrer eigenen eitlen und unersättlichen Begierden ist, trotzdem teilen sie doch mit den Armen den Ertrag aller Verbesserungen, die sie in ihrer Landwirtschaft einführen. Von einer unsichtbaren Hand werden sie dahin geführt, beinahe die gleiche Verteilung der zum Leben notwendigen Güter zu verwirklichen, die zustandegekommen wäre, wenn die Erde zu gleichen Teilen unter alle ihre Bewohner verteilt worden wäre; und so fördern sie, ohne es zu beabsichtigen, ja ohne es zu wissen, das Interesse der Gesellschaft und gewähren die Mittel zur Vermehrung der Gattung.« (TeG 315 ff.)

Zwischen den beiden zitierten Abschnitten besteht ein bezeichnender Unterschied. Im *Wohlstand der Nationen* sagt Smith, daß der die eigenen Interessen verfolgende einzelne zur Maximierung des Volkswohlstandes beiträgt, ohne es eigentlich zu wollen. In der *Theorie der ethischen Gefühle* wird hinzugefügt, daß er unwillentlich dazu beiträgt, diesen Wohlstand stärker auszubreiten, so daß eine größere Gleichheit zustandekommt. Bei der Niederschrift dieser Sätze hatte Smith Rousseaus Abhandlung *Über den Ursprung der Ungleichheit unter den Menschen* vor Augen und widersprach implizit der Behauptung des französischen Aufklärers, der Erwerb von Eigentum führe zur Ungleichheit. Wahrscheinlich dachte er auch an die entgegengesetzte Auffassung von Bernard Mandeville, der in seiner Schrift *Die Bienenfabel: oder private Laster, öffentliche Wohltaten* behauptet hatte, die sogenannten Laster des Luxus, des Standesdünkels und der Launenhaftigkeit seien öffentliche Wohltaten, da sie für Beschäftigung und einen wachsenden Handel sorgten. Bei Smith lesen wir, daß die Armen dem »Luxus und der Launenhaftigkeit« des »stolzen« Grundherrn jene Lebensnotwendigkeiten verdanken, die sie von seiner »Menschlichkeit« oder seiner »Gerechtigkeit« nicht erwarten könnten. Menschlichkeit oder Mildtätigkeit hätten zum Ziel, das Glück anderer zu mehren, Gerechtigkeit hieße, es gleichmäßiger zu verteilen.

Adam Smith' Bild von der unsichtbaren Hand hat nichts mit Theologie zu tun. Smith hätte zweifellos gesagt, daß die segensreichen Wirkungen letztlich der Natur oder dem göttlichen Schöpfer der Natur zu verdanken seien, aber damit meinte er nicht, daß eine gütige Vorsehung ständig in das Geschehen auf der Erde eingreift. Er gebraucht die Metapher wegen ihrer lebendigen Wirkung, um uns eine anschauliche Vorstellung von einem gedachten Kontrollmechanismus zu geben, aber er wußte sehr gut, daß das Ergebnis automatisch durch das Wechselspiel individueller Interessen und das Tauschsystem zustandekommt. Seine Erkenntnis dieser Wahrheit ist einer seiner großartigen Beiträge zum Verständnis wirtschaftlicher Zusammenhänge.

Smith war nicht der Erfinder der Formel von der »unsichtbaren Hand«. Sie war anscheinend ein idiomatischer Ausdruck religiöser Betrachtung. Als das Kriegsschiff *Prince George* einen gewaltigen Sturm überstand, der im Jahr 1703 etliche andere Schiffe der Königlichen Marine auf den Meeresgrund schickte, schrieb Kommandant Martin in das Schiffstagebuch: »Die unsichtbare Hand der Vorsehung hat uns errettet.«[11] In seinem frühen Essay über die Geschichte der Astronomie bemerkte Smith über die heidnische Religion, diese schreibe außergewöhnliche Ereignisse »der unsichtbaren Hand Jupiters« zu. Er glaubte ebensowenig daran, daß der theistische Gott die Mechanismen der Wirtschaft kontrollierte, wie er daran glaubte, Jupiter herrsche über »Donner und Blitz, Stürme und Sonnenschein« (P 49f.). Er stützte sich auf das vertraute Erbe der religiösen Sprache einfach deshalb, weil er seinen Lesern das Außergewöhnliche des Phänomens nahebringen wollte. Das soll nicht heißen, er habe einen falschen Heiligenschein darum gelegt. Er wurde vielmehr von einer unsichtbaren Hand gelenkt, bildhafte Vergleiche zu ziehen.

Smith war zweifellos dazu disponiert, im natürlichen Gang der menschlichen Welt eine wohltätige Ordnung zu erkennen. Er entnahm diese Vorstellung vermutlich der ethischen

Theorie der Stoiker, die in seiner Jugend einen so tiefen Eindruck bei ihm hinterlassen hatte. Die Stoiker glaubten unter anderem an eine kosmische Harmonie, der sie die griechische Bezeichnung *sympatheia* gaben, von der das heutige Wort »Sympathie« abstammt. Sie waren nicht der Meinung, daß alle Elemente in einem harmonischen Universum im eigentlichen Wortsinne ein Mitgefühl füreinander hätten, sondern daß sie alle zusammenpaßten und in gegenseitiger Harmonie wirkten. Smith' Gebrauch des Begriffs »Sympathie« in seiner ethischen Theorie war zwar eigenwillig, aber er verdeutlicht ihn häufig, indem er von Harmonie spricht, und ich zweifle kaum daran, daß ihm die stoische Vorstellung von einem harmonischen System vorschwebte, als er die vergesellschaftende Wirkung unserer Empfindungen der Sympathie beschrieb. Es spricht einiges dafür, daß dieselbe stoische Idee eines harmonischen Systems dazu beigetragen hat, daß der Markt Smith als ein System erschien, das der Gesellschaft zu allgemeinem Nutzen gereicht.

Er nahm allerdings nicht einfach an, daß die Tatsachen sich nach einer vorgefaßten Idee richten würden. Smith hat keine seiner Untersuchungen unter einer derartigen Prämisse in Angriff genommen. Er war Empiriker, ein Denker, der von einer erfahrenen Tatsache ausging und anschließend eine Hypothese vortrug, mit der die Tatsachen sich erklären ließen. In der Ökonomie war er beeindruckt von den Wirkmechanismen, die man an einem Markt beobachten konnte: »Der Markt« produziert automatisch Reaktionen auf Veränderungen der Kosten, von Angebot und Nachfrage, so daß sich immer wieder ein Gleichgewicht einstellt. Wenn er davon spricht, daß die Marktpreise zum natürlichen Preis hin »gravitieren«, so zeigt dies, daß ihn die Wirkungsweisen des Marktes an das System der Mechanik erinnerten, und die ungeplanten wohltätigen Wirkungen erinnerten ihn möglicherweise an die stoische Idee einer natürlichen Harmonie.

Diese stoische Idee verband sich mit einer Vorschrift, der Natur gemäß zu leben, und war eine der Quellen der Naturrechtstradition. Smith war mit dieser Tradition vertraut, da er die Werke von Juristen und Philosophen des 17. Jahrhunderts, namentlich von Grotius, Pufendorf und Locke, gelesen hatte. Sein eigener bemerkenswerter Beitrag bestand darin, das normative oder präskriptive Naturrecht als ein aus den wissenschaftlichen Naturgesetzen hervorgegangenes zu deuten. Mit anderen Worten, Smith behandelte allgemeine Prinzipien, die uns sagen, wie wir uns verhalten sollen, als Ausflüsse allgemeiner Wahrheiten über die Art und Weise, wie Menschen sich tatsächlich verhalten. Sympathie und das Bedürfnis, bei anderen in gutem Ansehen zu stehen, bewegen die Menschen im allgemeinen dazu, einander zu helfen und sich nichts anzutun; ein solches Verhalten wird als jene Art und Weise gebilligt, wie wir eigentlich handeln sollten. Der allgemeine Eigennutz bringt es mit sich, daß die wichtigsten dieser Handlungsweisen durch die Androhung der Sanktionen des Strafrechts bekräftigt werden. Ein ähnliches allgemeines Eigeninteresse der Staaten bewegt diese dazu, sich auf ein Minimum bestimmter Grundprinzipien des internationalen Rechts zu einigen. Ganz ähnlich sind die Gepflogenheiten des Wirtschaftslebens, die sich ursprünglich dem Eigennutz verdanken, gerade deshalb zu festen Gewohnheiten geworden, weil sie für alle von Vorteil sind, obwohl niemand das Ergebnis vorausgeplant hat. Da sie eine positive Wirkung haben, sollten sie als Vorschriften behandelt werden, die uns sagen, wie wir uns verhalten sollten.

Zur Naturrechtstradition gehörte auch der Glaube an eine »natürliche« Freiheit und Gleichheit. Im Naturzustand (ein zweideutiger Ausdruck, der entweder einen unverdorbenen Urzustand oder ein utopisches Ideal bedeuten kann) sind alle Menschen frei und gleich. Bei Smith findet sich häufig der Begriff »natürliche Freiheit«, aber fast ebenso oft schreibt er von natürlicher Gerechtigkeit oder von natürlicher Gleichheit. Gegen Ende des Vierten Buchs im *Wohlstand der Nationen* findet sich eine immer wieder zitierte Stelle, in der vom »einsichtige(n) und einfache(n) System der natürlichen Freiheit« die Rede ist. (WN 582) Smith' frühere Bezugnahmen auf eine natürliche Freiheit verknüpfen diese jedoch in der Regel mit natürlicher Gerechtigkeit oder Gleichheit oder mit beiden. Selbst die von mir angeführte Stelle wird durch den Satz ergänzt: »Solange der einzelne nicht die Gesetze verletzt, läßt man ihm völlige Freiheit, damit er das eigene Interesse auf seine Weise verfolgen kann ...« (WN 582)

Wie bei der natürlichen Harmonie ist die Idee der natürlichen Freiheit ein Hintergrundbegriff, der einen einheitstiftenden Rahmen bildet und die Überzeugungskraft des Ganzen verstärken soll; aber der Gedanke ist nicht die primäre Quelle der Argumente Smith' für das Prinzip des Laissezfaire. Diese richten sich in der Hauptsache gegen zwei besondere Ziele und gründen sich in beiden Fällen auf handfeste empirische Belege. Das erste ist die Beschränkung des Wettbewerbs und der Mobilität der Arbeitskräfte, das zweite die Beschränkung des internationalen Freihandels. Nebenbei ist festzuhalten, daß Smith die erstere angreift, weil sie unnatürliche »Ungleichheiten« auf dem Arbeitsmarkt hervorruft, ein weiterer Hinweis auf seine Auffassung, daß natürliche Freiheit und natürliche Gleichheit Hand in Hand gehen.

Mit dem ersteren wendet Smith sich gegen die exklusiven Privilegien der Zünfte, die ihnen ermöglichten, an überholten Bestimmungen zur Erlernung eines Handwerks festzuhalten. Die Zahl der Lehrlinge je Handwerksbetrieb war begrenzt, und ihre Ausbildungszeit dauerte wesentlich länger, als eigentlich nötig gewesen wäre. Infolgedessen war das Angebot an ausgebildeten Handwerkern begrenzt. Auf der anderen Seite führte die Vergabe von Stipendien und anderen Beihilfen für das Studium bestimmter Berufe, insbesondere des geistlichen Standes, zu einem größeren Andrang von Bewerbern, als er sich aus einem freien Wettbewerb ergeben hätte. Sodann gab es Gesetze, die in unnötiger Weise die Mobilität der Arbeiter behinderten; das Gesetz über die Lehrlingsausbildung ließ die Beschäftigung in einem anderen als dem erlernten Beruf kaum zu, und nach dem englischen Armengesetz konnten Arme in der Regel nur in dem Kirchensprengel Unterstützung erhalten, in dem sie geboren waren.

In einem anderen Zusammenhang (Gesetze zur Regelung der Erbfolge) bemerkte Smith: »Gesetze bleiben häufig auch dann noch in Kraft, wenn die Umstände, die sie zunächst veranlaßt haben und unter denen sie allein vernünftig sind, längst nicht mehr bestehen.« (WN 316) Der natürliche Hang, am Hergebrachten festzuhalten, behindert die Abschaffung überkommener Gesetze, die früher einmal zweckmäßig waren, inzwischen jedoch schädlich sind. In dieser Hinsicht wirken sich die natürlichen Neigungen des Menschen nicht vorteilhaft aus, so daß es des Eingriffs durch Reformgesetze bedarf. Wie man sieht, hatte Smith' Kritik an restriktiven Praktiken auch ihre antiliberale Kehrseite.

Wo Smith im Vierten Buch auf den internationalen Freihandel zu sprechen kommt, vergleicht er dessen Vorzüge mit denen des Tauschs innerhalb eines einfachen Systems der Arbeitsteilung und setzt hinzu: »Was aber vernünftig im Verhalten einer einzelnen Familie ist, kann für ein mächtiges Königreich kaum töricht sein.« (WN 372) Der Freihandel ermutigt die Länder, sich auf jene Art der Produktion zu spezialisieren, in der sie im Vorteil sind, und aus einem Tausch zu niedrigen Preisen ihren Nutzen zu ziehen. Das verschafft einem Land eine größere Menge an begehrten Waren, als wenn es diese alle selbst erzeugen müßte; denn in letzterem Fall würde ein größerer Anteil des Kapitals im Lande darauf verwendet, dieselbe Gütermenge zu produzieren, die man beim Freihandel billiger aus dem Ausland einführen könnte. Smith begründet seinen Standpunkt allerdings nicht mit angreifbaren allgemeinen Aussagen wie dieser, sondern mit einer eingehenden Untersuchung der Nachteile bestimmter protektionistischer Maßnahmen: Subventionen, Zölle und Importverbote. Außerdem äußert er seine Vorbehalte gegenüber einer generellen Befürwortung des Freihandels. Erstens hält er protektionistische Maßnahmen im Interesse der nationalen Verteidigung für gerechtfertigt, die

»wichtiger (ist) als Reichtum« (WN 379), und er nennt als Beispiel den Erlaß der Navigationsakte von 1651. Da die Verteidigung Englands so sehr von Schiffen und Seeleuten abhing, war es legitim, der britischen Schiffahrt ein Vorrecht bei der Beförderung von Handelsgütern einzuräumen. (An einer späteren Stelle im selben Buch legt Smith allerdings großen Wert auf die Feststellung, daß die Navigationsakte unter kommerziellem Aspekt nicht von Vorteil war.) Zum zweiten billigt Smith die Besteuerung eingeführter Waren, wenn einheimische Erzeugnisse derselben Art bereits einer Steuer unterliegen, weil sonst kein fairer Wettbewerb gegeben wäre. Und drittens räumt er ein, häufig müsse ein Kompromiß mit den Grundsätzen des Freihandels gefunden werden, um den besonderen Gegebenheiten der realen Welt Rechnung zu tragen: Wenn ein Land die Einfuhr von Gütern aus einem anderen Land verbietet, so muß dieses mit gleicher Münze heimzahlen; wenn fast jedes Land den Freihandel mit Getreide beschränkt, so wäre es mehr als töricht für ein kleines Land, die Getreideausfuhr nicht zu beschränken und damit eine mögliche Hungersnot in Kauf zu nehmen. Eine generelle Befürwortung des Freihandels darf uns nicht für die realen Verhältnisse blind machen: »Es (ist) natürlich ebenso absurd, zu hoffen, Großbritannien werde jemals zum vollkommenen Freihandel zurückkehren, wie zu erwarten, es könne jemals ein Ozeanien oder Utopia errichtet werden.« (WN 385)

Auch in der Binnenwirtschaft unterliegt der Grundsatz des Laissez-faire bei Smith bestimmten Einschränkungen. Er weist dem Staat drei Aufgaben zu: nationale Verteidigung, Einführung eines Gerichtswesens und die Gründung und Unterhaltung bestimmter öffentlicher Anstalten und Einrichtungen. Er erhebt auch keine Einwände gegen die gesetzliche Beschränkung des Zinses, obwohl er dies nicht als eine positive Aufgabe des Staates ansieht. Die beiden ersten Pflichten würde man normalerweise den politischen und nicht den wirtschaftlichen Aufgaben zurechnen. Smith sieht beide in der traditionellen Weise des liberalen Denkens; es sind Pflichten des Schutzes. Die Verteidigung ist »die Pflicht, das Land gegen Gewalttätigkeit und Angriff anderer unabhängiger Staaten zu schützen«; die Pflege des Rechtswesens ist »die Aufgabe, jedes Mitglied der Gesellschaft soweit wie möglich vor Ungerechtigkeit oder Unterdrückung durch einen Mitbürger in Schutz zu nehmen« (WN 582). Die dritte Funktion geht jedoch über die traditionellen Schutzpflichten dessen hinaus, was man als den »Nachtwächterstaat« bezeichnet hat. Sie verlangt vom Staat die Einrichtung und Unterhaltung bestimmter positiver Institutionen zur Steigerung des allgemeinen Wohlergehens. Smith ist der Auffassung, daß der Staat die Verantwortung für jene öffentlichen Einrichtungen und Institutionen übernehmen soll, »die ein einzelner oder eine kleine Gruppe aus eigenem Interesse nicht betreiben kann, weil der Gewinn ihre Kosten niemals decken könnte, obwohl er häufig höher sein mag als die Kosten für das ganze Gemeinwesen« (WN 582). Bei den öffentlichen Einrichtungen denkt Smith an solche, die Handel und Gewerbe zugutekommen: Straßen, Brücken, Kanäle und Häfen. Bei den Institutionen geht es zum Teil wiederum um Handel und Gewerbe, zum Teil um Einrichtungen des Bildungswesens. Der Außenhandel erfordert in manchen Ländern den Bau von Befestigungsanlagen zum Schutz der Warenlager und in allen Ländern die Einrichtung von Botschaften. Im Hinblick auf das Bildungswesen haben wir bereits gesehen, daß für Smith der Staat die Aufgabe hat, den nachteiligen Auswirkungen der Arbeitsteilung entgegenzuwirken, indem er für alle, die keine Privatschulen besuchen wollen, die Möglichkeit schafft, eine Grundschule zu besuchen, oder diesen Besuch sogar zur Pflicht macht.

Die staatliche Verantwortung für solche Anlagen und Einrichtungen sollte in den Augen Smith' jedoch strikt auf jene Bereiche beschränkt bleiben, in denen es an ausreichenden Anreizen für Privatinvestitionen fehlt. Allerdings sollte selbst dort, wo der Staat den Bau von Straßen, Brücken, Kanälen und Häfen in die Hand nimmt, deren Instandhaltung und Betrieb im Interesse der Effizienz die üblichen wirtschaftlichen Anreize einsetzen. Nach Möglichkeit sollten sie sich selbst tragen – durch Wegzölle, Schleusengelder und Hafengebühren. Diese Methode der Finanzierung gewährleistet, daß die Anlagen dort errichtet werden, wo man sie benötigt, und in einer Größe, die dem tatsächlichen Bedarf entspricht; andernfalls würden sie möglicherweise lediglich geplant, um der Bequemlichkeit oder der Laune eines Mächtigen zu dienen. Bei der Erhebung der Zölle empfiehlt es sich gelegentlich, sie nicht Staatsbeamten, sondern Privatleuten anzuvertrauen. So besteht beispielsweise ein Unterschied zwischen Kanälen und Straßen. Kanäle werden nur genutzt, wenn sie sich in gutem Zustand befinden; ein Privateigentümer wird deshalb ein Interesse daran haben, sich regelmäßig um die Instandhaltung zu kümmern, während Beamte möglicherweise nachlässig sind. Andererseits können Straßen, selbst wenn sie sich in einem schlechten Zustand befinden, immer noch genutzt werden, so daß ein Privatmann als Zolleinnehmer keinen besonderen Grund hat, die Straße regelmäßig instandzusetzen, so daß hier eine öffentliche Aufsicht eher zu empfehlen ist. Es ist nicht leicht einzusehen, warum eine öffentliche Verwaltung an der Instandhaltung von Kanälen nicht ebenso interessiert sein sollte, so daß dieses Beispiel wenig überzeugen kann, aber die allgemeine Aussage trifft wohl zu, daß nicht jede private Verwaltung öffentlicher Bauten von vornherein mit einem Anreiz verbunden ist, sich zuverlässig um deren Erhaltung zu kümmern. In seinen Ausführungen über das Schulwesen empfiehlt Smith nachdrücklich die an den Universitäten und in den Gemeindeschulen Schottlands geübte Praxis, das Gehalt eines Lehrers zum Teil aus dem Schulgeld und den Hörgeldern ihrer Schüler und Studenten zu bezahlen. Das gibt dem Lehrer das Gefühl einer Abhängigkeit von den Schülern und veranlaßt ihn, sich nach besten Kräften anzustrengen. Wo der Lehrer ein festes Gehalt hat, das von den Hörgeldern der Studenten unabhängig ist, da fehlt dieser Druck; von daher erklärt sich die Nachlässigkeit der Universitätslehrer in Oxford.

Smith' Vertrauen in die Tugenden der natürlichen Freiheit und der natürlichen Gleichheit ist übertrieben. Er betrachtet sie durch rosarote Brillengläser. Der Abschnitt in der *Theorie der ethischen Gefühle,* in dem das Bild von der unsichtbaren Hand gebraucht wird, ist fast schwelgerisch in der Darstellung einer natürlichen Gleichheit. Dort heißt es, die Beschäftigung der Armen durch die Reichen erzeuge eine fast gleiche Verteilung der zum Leben notwendigen Güter, und eine annähernde Gleichheit des »wirklichen Glücks« sei ohnedies nicht zwangsläufig mit einer Arbeitstätigkeit verbunden:

»Als die Vorsehung die Erde unter eine geringe Zahl von Herren und Besitzern verteilte, da hat sie diejenigen, die sie scheinbar bei ihrer Teilung übergangen hat, doch nicht vergessen und nicht ganz verlassen. Auch diese letzteren genießen ihren Teil von allem, was die Erde hervorbringt. In all dem, was das wirkliche Glück des menschlichen Lebens ausmacht, bleiben sie in keiner Beziehung hinter jenen zurück, die scheinbar so weit über ihnen stehen. In dem Wohlbefinden des Körpers und in dem Frieden der Seele stehen alle Lebensstände einander nahezu gleich, und der Bettler, der sich neben der Landstraße sonnt, besitzt jene Sicherheit und Sorglosigkeit, für welche Könige kämpfen.« (TeG 317)

Diese romantische Schwärmerei verdankt sich wahrscheinlich dem Einfluß des Egalitarismus Rousseaus, an den Smith bei der Niederschrift dieses Absatzes offenbar gedacht hat. Ein Rest von Optimismus der gleichen Art findet sich noch im *Wohlstand der Nationen*, wo Smith behauptet, wenn bei den verschiedenen Erwerbstätigkeiten die Belohnung gegen deren Mühsal aufgewogen werde, so ergebe sich bei allen ein gleiches Maß an Wohlergehen.

Sobald es jedoch um konkrete Vorschläge geht, verläßt Smith sich nicht mehr auf ein grundsätzliches Vertrauen in die Leistungsfähigkeit der Natur. Stattdessen beruft er sich auf historische Beispiele, um zu zeigen, daß eine bestimmte Praxis vorteilhaft oder schädlich war, und er spricht sehr detaillierte Empfehlungen mit Blick auf diese Beispiele aus. Die Sprache der natürlichen Freiheit und Gleichheit soll seinen Argumenten zusätzliche Überzeugungskraft verleihen, bildet jedoch keineswegs deren Kern.

Smith' Politische Ökonomie

Smith beginnt das Vierte Buch im *Wohlstand der Nationen* mit einer Definition dessen, was die »Politische Ökonomie« ausmacht:

> »Die Politische Ökonomie verfolgt als Zweig der Wissenschaft, die eine Lehre für den Staatsmann und Gesetzgeber entwickeln will, zwei unterschiedliche Ziele. Einmal untersucht sie, wie ein reichliches Einkommen zu erzielen oder der Lebensstandard für die Bevölkerung zu verbessern ist, zutreffender, wodurch der einzelne in die Lage versetzt werden kann, beides für sich selbst zu beschaffen, und ferner erklärt sie, wie der Staat oder das Gemeinwesen Einnahmen erhalten können, mit deren Hilfe sie öffentliche Aufgaben durchführen. Die Politische Ökonomie beschäftigt sich also mit der Frage, wie man Wohlstand und Reichtum des Volkes und des Staates erhöhen kann.« (WN 347)

In den vorangegangenen Kapiteln hatte er die beiden erstgenannten Ziele behandelt. Das Vierte Buch selbst befaßt sich mit »Systeme(n) der Politischen Ökonomie« anderer Ökonomen. Es ist vergleichbar der Darstellung »Systeme der Moralphilosophie« in Teil VII der *Theorie der ethischen Gefühle,* an die sich Smith' eigene Theorie anschließt (TeG 447ff.). In beiden Fällen wird das Vorgehen Smith' in der Behandlung seines Themas deutlich: Nach einer Darstellung und Kritik bisheriger Theorien trägt er seine eigene, triftigere Theorie vor. Mit anderen Worten, er lernt zunächst aus den früheren Theorien, übernimmt von ihnen das, was nach seiner Meinung stichhaltig ist, verwirft alles übrige und entwickelt sodann sein eigenes, tragfähigeres System.

Im *Wohlstand der Nationen* behandelt er zwei Systeme der Politischen Ökonomie, das merkantilistische und das physiokratische. An den Merkantilisten übt er harte Kritik, die ihm zugleich die Argumente für den Freihandel liefert. Der Hauptirrtum des Merkantilismus wird im ersten Satz des ersten Kapitels genannt: »Es ist eine weit verbreitete Ansicht, Reichtum bestehe in Geld, Gold oder Silber«, während er nach Smith in Waren besteht. (WN 347) Eine wesentlich bessere Meinung hat er von den Physiokraten, von denen er sehr viel gelernt hatte und deren Grundgedanken der Freiheit und des Vertrauens in die Natur den Ideen, auf denen er selbst aufbaute, sehr nahestanden. Ihr »entscheidender Irrtum« war in seinen Augen, daß sie allein die Landwirtschaft als produktiv ansahen und »die Klasse der Handwerker, der in einem Gewerbe Tätigen und der Kaufleute für völlig steril und unproduktiv« hielten. (WN 571) Dennoch war er bereit, ihnen darin zu folgen, daß die Landwirtschaft das produktivste Element der Wirtschaft war. Das große Verdienst der französischen »Ökonomisten« bestand darin, daß sie wie Smith die Irrtümer des Merkantilsystems erkannt hatten.

»Und dennoch kommt diese Wirtschaftsordnung, trotz aller Unvollkommenheit, unter allen Systemen, die bislang als Gegenstand der Politischen Ökonomie entwickelt worden sind, der Wahrheit vielleicht am nächsten ... Ihre Vertreter sehen zwar nur in der Landarbeit eine produktive Tätigkeit, so daß ihre Begriffe, die sie prägen, womöglich zu eng und beschränkt sind, doch erkennen sie, daß der Wohlstand der Nationen nicht in nichtkonsumierbaren Vorräten an Geld, sondern in Verbrauchsgütern besteht, die jährlich aufgrund der Erwerbstätigkeit in einem Land immer wieder ersetzt werden, und daß vollkommene Freiheit das einzige wirksame Mittel ist, um die größtmögliche Reproduktion im Jahr zu erreichen. Ihre Lehre scheint daher in jeder Hinsicht ebenso gerecht wie verdienstvoll und liberal zu sein.« (WN 574)

Das zweite der von Smith genannten Ziele der Politischen Ökonomie erfordert politische Maßnahmen zur Besteuerung und der Schaffung anderer Quellen öffentlichen Einkommens. Das Fünfte Buch, das über ein Viertel des gesamten Werks *Der Wohlstand der Nationen* in Anspruch nimmt, befaßt sich überwiegend mit den Finanzen des Staates, einschließlich einiger Vorschläge zur Steigerung der Staatseinkünfte und einer kritischen Erörterung der Staatsschulden. Außerdem macht Smith das Zugeständnis, daß die mit den drei Aufgaben des Staates verbundenen Ausgaben besondere Probleme aufwerfen. Die Bezahlung des Heeres und der Marine, der Beamten in der Justizverwaltung und der mit der Errichtung und Erhaltung öffentlicher Anlagen und Institutionen befaßten Personen (einschließlich der Lehrer und Geistlichen) läßt sich nicht durch die Kräfte des Marktes erreichen. Wie es seine Art ist, begegnet Smith diesen Problemen mit einem historischen Überblick über die bisher unternommenen Versuche, sie zu lösen.

Bevor Smith näher auf die Möglichkeiten einer Besteuerung eingeht, schlägt er vier allgemeine Grundregeln vor. Erstens sollten die erhobenen Steuern in einem bestimmten Verhältnis zum Einkommen der Besteuerten stehen. Zweitens sollten die Steuern verläßlich und nicht willkürlich festgelegt werden. Mit anderen Worten, der Steuerzahler sollte vorher genau wissen, wann er wieviel Steuern zu zahlen hat; er darf nicht der Willkür des Steuereinnehmers ausgesetzt sein. Drittens sollten Art und Zeitpunkt der Zahlung so gewählt werden, daß sie dem Steuerpflichtigen am leichtesten fällt. Und viertens sollte die Erhebung der Steuern nicht mit einem übermäßig aufgeblähten Verwaltungsapparat erfolgen; sie darf nicht den Erwerbsfleiß der Bevölkerung beeinträchtigen und säumige Zahler durch Pfändung ruinieren. Smith spricht von einer »augenfällige(n) Gerechtigkeit und Nützlichkeit« dieser vier Grundregeln. Das trifft in der Tat zu, doch diese Tatsache wurde zu seiner Zeit kaum gewürdigt. Nicht daß Smith mit der Formulierung seiner Grundregeln besonders originell gewesen wäre. Sein Lehrer Hutcheson hatte in wenigen Sätzen fast dasselbe gefordert, ebenso Smith' Zeitgenosse Sir James Steuart, dessen *Principles of Political*

Economy erstmals 1767 erschienen waren. Wie in so vielen anderen Dingen legte Smith jedoch mit besonderer Klarheit die Beziehung der relevanten Punkte zu seinem System der Politischen Ökonomie als Ganzem dar.

Das ist tatsächlich das Hauptverdienst dieses Werkes. Nicht alle Leser haben sich der allgemeinen Bewunderung für dieses Buch angeschlossen, und die Anmerkungen eines bedeutenden Wirtschaftswissenschaftlers sind es wert, hier erwähnt zu werden. Joseph A. Schumpeter hat in seiner 1954 erstmals auf englisch erschienenen *Geschichte der ökonomischen Analyse* (dt. 1965) eine Reihe von abwertenden Bemerkungen über den *Wohlstand der Nationen* als Beitrag zur Wirtschaftswissenschaft gemacht: »Ungeachtet dessen, was er von Vorgängern lernte oder nicht lernte, ist es eine Tatsache, daß der ›Wealth of Nations‹ keine einzige analytische Idee oder Methode und kein analytisches Prinzip enthält, das 1776 völlig neu gewesen wäre.« Dennoch konnte Schumpeter nicht umhin, dem Buch zuzubilligen, es sei »trotzdem eine große Leistung« aufgrund seiner »Koordination«. Das war wohl als schwaches Lob gedacht. Eine derartige Koordination erforderte einen »methodisch vorgehende(n) Professor«, und »er war dazu von Natur aus geschaffen«.[12]

Schumpeter unterschätzt den Charakter von Smith' Systematik. Eine methodische Koordination der Ideen anderer hätte allein nicht genügt, ein umfassendes System des gesamten Wirtschaftsprozesses zu errichten, dessen sämtliche Sektoren miteinander dergestalt in Wechselwirkung treten, daß ein selbstregulierendes Gleichgewicht und anhaltendes wirtschaftliches Wachstum erreicht werden. Smith hat einen Großteil des von ihm herangezogenen Materials von anderen übernommen, aber es bedurfte einer visionären Vorstellungskraft, um in der konstruktiven Weise von ihm Gebrauch zu machen, wie Smith es getan hat. Selbst Schumpeter ist praktisch genötigt, sich zu widersprechen, wenn er über das wichtigste Leitmotiv des Buches schreibt: »Obwohl, wie wir bereits wissen, darin nichts Originelles enthalten ist, muß ein

Moment angeführt werden, dem nicht die zukommende Aufmerksamkeit gewidmet worden ist. Niemand, weder vor noch nach A. Smith, hat jemals der Arbeitsteilung eine so große Rolle beigemessen.«[13] Ob Smith das mit Recht getan hat oder nicht, jedenfalls war es ein völlig neuer Gedanke, wenn vorher noch niemand darauf gekommen war. In Wirklichkeit ist dieser Grundzug des Werkes lediglich ein Aspekt der visionären Vorstellung, mit der Smith sein Material geordnet hat, um ein umfassendes System zu entwickeln. Wir werden später noch sehen, wie es sich mit seinem eigenen Verständnis von der Vorstellungskraft verbindet, ohne die ein wissenschaftliches Arbeiten unmöglich ist. Er ist ein Beispiel für die Art und Weise, wie Smith' philosophische Interessen sein wissenschaftliches Werk eingefärbt haben.

Schumpeter mußte dies entgehen, weil er der Meinung war, die Philosophie habe zur Ökonomie nichts beizutragen; sie sei höchstens ein Hindernis. Bei all seiner großartigen Gelehrsamkeit hatte auch Schumpeter seine blinden Flecken. Während er einerseits das »geistige Format« von Smith' *Essays on Philosophical Subjects* würdigte, insbesondere den Aufsatz über die Geschichte der Astronomie, sagte er andererseits darüber: »Wäre es nicht eine unleugbare Tatsache, niemand (würde) dem Autoren des ›Wealth of Nations‹ das geistige Format zutrauen, solche Aufsätze zu schreiben.«[14] Die Worte »niemand würde« bedeuten »Schumpeter würde nicht«. Alle, die den *Wohlstand der Nationen* mit größerer Sympathie und mehr Vorstellungsvermögen lesen als Schumpeter, können feststellen, daß der Philosoph, der seinen Essay über die Geschichte der Astronomie mit einer Theorie wissenschaftlicher Systeme einleitete, ebendiese Theorie in seiner Konstruktion eines ökonomischen Systems selbst anwendet.

5. Vergleiche

Obwohl Adam Smith große Sorgfalt darauf verwendet haben muß, die zutreffendsten Wörter für seine vielen einprägsamen Aphorismen zu finden, war er wiederum zu wenig darauf bedacht, offensichtliche Widersprüche in seinem Werk zu vermeiden. Zu Beginn des 3. Kapitels habe ich gesagt, daß Smith den Begriff »Sympathie« in einem besonderen Wortsinn gebraucht, aber hin und wieder in dessen umgangssprachliche Bedeutung zurückfällt. Smith versteht den Terminus als die Wahrnehmung, daß ein vorgestelltes Gefühl in uns selbst mit dem an einem anderen Menschen beobachteten Gefühl übereinstimmt. Smith verwendet diesen Begriff, um das moralische *Urteil*, die Billigung oder Mißbilligung der Handlungen anderer zu erklären. Im gängigen Verständnis bedeutet »Sympathie« dagegen die tatsächliche Erfahrung des Mitgefühls, insbesondere mit dem Kummer von anderen. Dieses kann als Motiv des Handelns wirken und tut dies oft auch, als Anstoß, Hilfe zu leisten und Trost zu spenden. Es ist nicht verwunderlich, daß Smith in diesen Wortgebrauch verfällt, aber leider ist ihm dieser Fehler in der *Theorie der ethischen Gefühle* auch dort unterlaufen, wo er sich ausführlicher über die Ökonomie äußert. In dem Abschnitt, in dem vor der »unsichtbaren Hand« die Rede ist, heißt es, die Armen erhielten aufgrund des eigennützigen Verhaltens der Reichen jene lebensnotwendigen Güter, die sie von deren »Menschlichkeit« oder Gerechtigkeit vergeblich erwarteten.

Des weiteren bemerkt Smith zu diesem Thema, ein Patriot, der sich für das Allgemeinwohl einsetze, tue dies kaum »aus Sympathie für die Glückseligkeit derjenigen, die die wohltätigen Früchte dieser Verbesserung ernten müssen«; ein Mann, der für die Beseitigung der Schäden einer Straße eintrete, werde für gewöhnlich nicht von einem »Mitgefühl mit den Kärrnern und Fuhrleuten« bewegt, und ein Gesetzgeber, der die Herstellung von Tuch schütze, handle »selten bloß aus Sympathie« mit dem Träger der Kleidung geschweige denn mit dem Hersteller (TeG 317). Das Wort »Sympathie« wird zweimal als Synonym für »Menschlichkeit« und »Mitgefühl« gebraucht, womit jeweils das Motiv einer Handlung bezeichnet wird.

Wissenschaftler, die sich eingehend mit Smith' *Wohlstand der Nationen* beschäftigt haben, stützten sich verständlicherweise und mit Recht auch auf die *Theorie der ethischen Gefühle,* um dort weitere erhellende Ausführungen zum Verständnis des Werks zu finden. Ebenso verständlich war es, daß sie sich dabei auf jene Partien der *Theorie der ethischen Gefühle* konzentriert haben, die für Smith' Auffassung von wirtschaftlichen Vorgängen unmittelbar relevant sind. In der Regel haben sie die übrigen Kapitel dieses Buches nur überflogen, ohne ein besonderes Interesse und möglicherweise auch ohne die nötige Vorbildung, um Smith' eigentliche Absicht bei der Niederschrift zu verstehen. Sie haben festgestellt, daß die Sympathie das ganze Buch wie ein roter Faden durchzieht und daß der Begriff in der wichtigsten Passage, die sich auf die Ökonomie bezieht, als altruistisches Handlungsmotiv erscheint. Das Bild von der »unsichtbaren Hand« erinnert sogleich an dieselbe Metapher im *Wohlstand der Nationen,* und die Feststellung, daß Handlungen, die dem Allgemeinwohl dienen, nicht unbedingt einer »Sympathie« entspringen, erinnert an den Aphorismus im späteren Buch Smith', daß wir unsere Nahrung nicht vom »Wohlwollen« des Metzgers, Bäckers oder Brauers zu erwarten haben. In diesem »ökonomischen« Abschnitt der *Theorie der ethischen*

Gefühle hat es den Anschein, als vertrete Smith hier dieselbe Lehre wie im *Wohlstand der Nationen* über wohltätige Handlungen, die dem Eigeninteresse entspringen (während er in Wirklichkeit über die ästhetische Ordnungsliebe und nicht über den simplen Eigennutz schreibt), nur daß er hier von »Sympathie«, »Mitgefühl« und »Menschlichkeit« statt von »Wohlwollen« spricht. So weit, so gut.

Einige Wissenschaftler sahen allerdings ein Problem in der Tatsache, daß die *Theorie der ethischen Gefühle* insgesamt der Wirkung der Sympathie im menschlichen Leben einen so großen Stellenwert einräumt. Abgesehen von den »ökonomischen« Partien schreibt Smith, als wäre die gegenseitige Bindung der Mitglieder einer Gesellschaft hauptsächlich auf die Sympathie zurückzuführen. Wie läßt sich dies, so fragten diese Wissenschaftler, in Einklang bringen mit der im *Wohlstand der Nationen* vorgetragenen Auffassung, derzufolge doch hinter jeder sozialen Tätigkeit ein Eigeninteresse steht, während das Wohlwollen (oder die Sympathie) keine Rolle spielt? Das war das »Adam Smith-Problem«, über das im 19. Jahrhundert viel Tinte vergossen wurde, hauptsächlich von deutschen Gelehrten, obgleich auch der englische Historiker H. T. Buckle seinen Teil der Verantwortung an diesem Mißverständnis trägt. Smith' eigene Sorglosigkeit im Gebrauch des Begriffs »Sympathie« trug zu der Verwirrung ebenfalls bei, doch wenn die Problemwälzer sich die Mühe gemacht hätten, die *Theorie der ethischen Gefühle* vollständig zu lesen und zu verstehen, dann hätten sie sich zweifellos nicht in ein Scheinproblem verrannt.

Sie gingen von der Annahme aus, daß Smith in der *Theorie der ethischen Gefühle* in der Sympathie das wichtigste aller menschlichen Motive sah, während diese Funktion im *Wohlstand der Nationen* vom Eigennutz übernommen wurde. Karl G. A. Knies behauptete 1853, Smith habe seine Meinung geändert, nachdem er zwischen den beiden Büchern eine Frankreichreise unternommen hatte. H. T. Buckle legte 1861 eine andere Erklärung vor. Smith habe nicht seine Meinung geändert, sondern lediglich »zwei Abteilungen eines und desselben Gegenstandes« behandelt, die »mitfühlenden« und die »eigennützigen« Anteile der menschlichen Natur, eine Klassifizierung, die für Buckle »eine ursprüngliche und erschöpfende Eintheilung der Beweggründe unserer Handlungen (darstellt)«.

»In seinen ›sittlichen Gefühlen‹ schreibt er unsere Handlungen dem Wohlwollen zu; in seinem ›Nationalreichthum‹ schreibt er sie der Selbstsucht zu. Ein kurzer Überblick über beide Werke wird diese ihre Grundverschiedenheit darthun und uns in den Stand setzen zu erkennen, daß Jedes das Andere ergänzt; dass man also, um Jedes zu verstehen, nothwendig beide studiren muss.«[15]

Ein guter Rat, doch Buckle selbst hatte ihn sich nicht genug zu Herzen genommen. Er legte großen Wert auf Methodenfragen und hatte sich einige merkwürdige Ansichten darüber zugelegt. Er hatte sich eingeredet, alle schottischen Philosophen des 18. Jahrhunderts hätten ausschließlich ein deduktives Verfahren gebraucht und mit der Induktion nichts im Sinn gehabt. Smith war in den Augen Buckles sogar noch weiter gegangen. Er verfolgte seine eigene »besondere Form der Deduktion« nach dem Vorbild der Geometrie, die es notwendig machte, seine Prämissen in zwei Gruppen aufzuteilen; das war dann – immer nach Buckle – der Grund, warum Smith die beiden Handlungsmotive Sympathie und Eigennutz in zwei verschiedenen Büchern abhandelte. Buckle dachte dabei höchstwahrscheinlich an den Umstand, daß ein Theorem in der Geometrie seine Deduktionen auf das beschränken muß, was unmittelbar aus den gegebenen Voraussetzungen folgt. Danach begann Smith sein erstes Buch mit der Prämisse, daß eine große Anzahl menschlicher Handlungen der Sympathie entspringt, und war aufgrund der von ihm gewählten Methode genötigt, sich auf das zu beschränken, was sich aus dieser Prämisse ergab; in seinem zweiten Buch ging er von der Prämisse aus, daß alle übrigen menschlichen Handlungen auf den Eigennutz zurückgehen, und mußte sich wiederum auf das beschränken, was sich aus dieser Prämisse ableiten ließ.

Dieses Phantasiegespinst wurde 1878 von Witold von Skarżyński mit der Begündung verworfen, auch die Verwendung einer logischen Methode könne Widersprüchlichkeiten nicht beseitigen. Nachdem auch er sich zu der Absicht bekehrt hatte, Smith habe nach dem Erscheinen seines ersten Buches seine Meinung geändert, ergänzte er diese durch sein eigenes Phantasieprodukt, daß beide Bücher von Smith ohnedies keine Originalität für sich beanspruchen könnten; die ethische Theorie sei ein zusammengeschusterter Abklatsch der Ethik Humes, und die Ökonomie habe er von den Physiokraten übernommen. Die Überlieferung, daß Smith die Grundgedanken seiner ökonomischen Lehre bereits in seine Glasgower Vorlesungen über Moralphilosophie eingearbeitet hatte, tat Skarżyński als unglaubwürdig ab, um so mehr, als zu ihr auch die Geschichte gehörte, daß diese »kostbaren Vorlesungen«, wie Skarżyński sie ironisch bezeichnete, passenderweise kurz vor Smith' Tod verbrannt worden waren.[16]

Der Grundirrtum hinter all diesen Interpretationen ist die Annahme, Smith habe in seiner *Theorie der ethischen Gefühle* der Sympathie als Motiv menschlicher Handlungen eine Hauptrolle zugewiesen. Tatsächlich ist jedoch in beiden Büchern die Wirkung der Sympathie (oder des »Wohlwollens« oder der »Menschlichkeit«) als Handlungsmotiv sehr beschränkt. Dagegen wird in der *Theorie der ethischen Gefühle* durchgehend die enorme Bedeutung der Sympathie für den Zusammenhalt einer Gesellschaft betont.

Obgleich das »Adam Smith-Problem« der Vergangenheit angehört, stößt man immer wieder auf seine Spuren. Ich glaube nicht, daß heute noch jemand behaupten würde, in der *Theorie der ethischen Gefühle* werde die Sympathie zum vorherrschenden Motiv menschlichen Handelns allgemein gemacht, aber noch immer behaupten kompetente Wirtschaftswissenschaftler und Historiker, Smith habe die Sympathie als das Motiv moralisch einwandfreier und den Eigennutz als das Motiv amoralischer (wenn auch nicht unmoralischer) Handlungen im Wirtschaftsleben angesehen. Tatsächlich kritisiert Smith seinen Lehrer Hutcheson ausdrücklich, weil dieser das Motiv eines moralisch richtigen Handelns auf die altruistische Wohltätigkeit beschränkt und den Eigennutz als neutrales Motiv behandelt hatte. Smith selbst war der Überzeugung, ein vernünftiges Eigeninteresse (Klugheit) sei sowohl unter moralischem wie unter wirtschaftlichem Blickwinkel eine Tugend, wenn es auch nicht zu den höchsten moralischen Tugenden zähle, es sei denn, es ist erfüllt von Selbstbeherrschung und Verzicht auf unmittelbare Freuden zugunsten einer späteren Glückseligkeit von langer Dauer. Für ihn ist Wohltätigkeit (oder »Menschlichkeit« oder »Sympathie« im üblichen Verständnis dieses Worts als Bezeichnung eines Handlungsmotivs) eine löblichere moralische Tugend, in ihrem wirksamen Auftreten jedoch begrenzt. Weit wichtiger waren in seinen Augen andere tugendhafte Motive wie Selbstbeherrschung, Pflichtgefühl (das er mit seiner Theorie des unparteiischen Zuschauers erklärt) und Achtung vor dem Gesetz.

Einen Unterschied anderer Art zwischen der *Theorie der ethischen Gefühle* und dem *Wohlstand der Nationen* machte der US-amerikanische Gelehrte Jacob Viner 1927 in einem vielgerühmten Aufsatz mit dem Titel »Adam Smith and Laissez Faire«.[17] Gerühmt wurde er, weil er zeigte, daß Smith' Eintreten für eine Wirtschaft ohne alle staatlichen Eingriffe wesentlichen Beschränkungen unterliegt und daß sein Bild der harmonischen Ordnung der natürlichen Freiheit eine Reihe von Mängeln aufweist, die »ausreichen würden, mehrere sozialistische Reden mit Argumenten zu munitionieren«. Diese aufschlußreiche Bemerkung machte Viner, nachdem er dargelegt hatte, daß die *Theorie der ethischen Gefühle* ein stark idealisiertes Bild der natürlichen Ordnung zeichnete, das sich mit den reiferen und realistischeren Einschätzungen des späteren Adam Smith in dessen *Wohlstand der Nationen* nicht in Einklang bringen läßt.

Viner zitiert ausführlich fünf Abschnitte aus der *Theorie der ethischen Gefühle* als Belege für seine Interpretation. Die erste wurde in Wirklichkeit lange nach dem Erscheinen der erste englischen Ausgabe des *Wohlstands der Nationen* für die erweiterte Neuauflage der *Theorie der ethischen Gefühle* verfaßt, die 1790 erschien. Darin stellt Smith die Idee eines gütigen Gottes dar, wie sie von vielen Menschen vertreten wurde, insbesondere von dem stoischen Philosophen und römischen Kaiser Marc Aurel. Smith meint, sie sei eine nützliche Lehre für diejenigen, die an sie glaubten, behauptet jedoch nicht, sie sei wahr. Der zweite zitierte Abschnitt wäre praktisch für jeden Naturwissenschaftler vor Darwin akzeptabel gewesen. Er besagt, die natürlichen Instinkte dienten mehr als alles andere der Selbsterhaltung und der Erhaltung der Art, und schreibt diese Wirkung einer offensichtlichen Absicht der Natur oder ihres Urhebers zu. Der dritte Abschnitt ist alles andere als idealistisch. Dort heißt es, daß die wirtschaftlichen Tugenden »Fleiß, Klugheit und Umsicht« im allgemeinen einhergehen mit »Erfolg in jeder Art von Geschäften« und »Wohlfahrt und äußere(n) Ehren« (TeG 251 f.). Diese Meinung steht wohl kaum im Widerspruch zum *Wohlstand der Nationen*. In dem vierten angeführten Abschnitt steht, unsere natürlichen Gefühle sähen es lieber, wenn moralische Tugenden höher belohnt würden als die wirtschaftliche Tugend des Fleißes, die auch bei einem »Schurken« anzutreffen sei. Viner trennt die bei Smith folgenden Ausführungen von dem vorherigen Absatz und präsentiert sie als sein fünftes Belegstück, nämlich als ein »Zugeständnis« Smith' an die traurige Wahrheit, daß die Natur ungerecht sein könne. Wenn man jedoch beide Abschnitte – wie bei Smith – wieder aneinanderfügt, dann findet man in ihnen eine recht realistische Beurteilung der wirklichen Welt. Das einzige von Viner angeführte Zitat, das vierte in seiner Aufzählung, mit dem er seine These belegen könnte, ist – natürlich – die Stelle mit der unsichtbaren Hand. Sie endet tatsächlich, wie wir gesehen haben, mit einer romantischen

Vorstellung von der Gleichheit. Sie kann mit der Überzeugung im *Wohlstand der Nationen* verglichen werden, daß in allen Berufen ein Gleichgewicht zwischen ihrer Mühe und ihrer Entlohnung besteht, doch das Romantische in der *Theorie der ethischen Gefühle* zeigt sich deutlicher an einer Stelle, wo Smith von einem Bettler schreibt, der am Straßenrand in der warmen Sonne sitzt und weniger um sein Leben fürchten muß als der König, der in den Krieg zieht.

Professor Donald Winch hat meine Aufmerksamkeit auf einen späteren Essay von Viner gelenkt, in dem dieser die *Theorie der ethischen Gefühle* zutreffender interpretiert und seinen früher erhobenen Vorwurf der Widersprüchlichkeit in Frage stellt – allerdings nur mit der allgemeinen Begründung, Smith sei von Systemen oder Modellen ausgegangen und von einem »Teilmodell« zu einem anderen gewechselt.[18] Viner hatte in seinem Aufsatz von 1927 noch erklärt, Smith sei in seiner *Theorie der ethischen Gefühle* »ein rein spekulativer Philosoph«, dessen Urteile auf angeblich selbstverständlichen Axiomen basierten und der »es unterließ, seine Folgerungen anhand der Tatsachen zu überprüfen«. Man möchte fast sagen, nichts könnte weiter von der Wahrheit entfernt sein – außer den Interpretationen von Buckle und Skarżyński. Viners ursprüngliche Auffassung ist ganz sicherlich das Gegenteil der Wahrheit. Smith nahm als gesichert an, daß Hutcheson und Hume schlüssig die rationalistischen Theorien der Moralphilosophie widerlegt hatten, die auf Schlußfolgerungen aus angeblich trivialen Axiomen beruhten. In allen seinen Schriften folgte Smith der Methode des Empirismus, für den die Tatsachen der Erfahrung die fundamentalen Daten darstellten und der durch induktives Schließen aus diesen zu allgemeingültigen Aussagen gelangte. Natürlich enthält *Der Wohlstand der Nationen* eine ungeheure Fülle empirischer Daten einschließlich einer Menge quantitativen Materials, mit dem es die *Theorie der ethischen Gefühle* kaum aufnehmen kann. Trotzdem zeichnet es gerade dieses Buch aus, daß es mehr als die meisten anderen seiner Art auf Beispielen echter

Erfahrung beruht, die selbst beobachtet wurden oder historischen Werken entnommen sind.

Das alles bedeutet nicht, daß der Versuch, beide Werke miteinander zu vergleichen, fehlgeleitet wäre. Die früheren Kommentatoren hatten recht mit der Annahme, daß der Begriff der Sympathie der Eckpfeiler der *Theorie der ethischen Gefühle* ist. Es ist tatsächlich notwendig, die Rolle der Sympathie in diesem Buch mit der des Eigeninteresses im *Wohlstand der Nationen* zu vergleichen. Der Vergleich wird am besten in soziologischen Begriffen gezogen. Sympathie und Vorstellungsvermögen sind in der *Theorie der ethischen Gefühle* der Kitt der menschlichen Gesellschaft, indem sie gesellschaftsorientierte Einstellungen hervorbringen. Sie erzeugen Zustimmung und Mißbilligung. Da so gut wie alle menschlichen Wesen akzeptiert sein und Mißbilligung vermeiden möchten, besteht die Wirkung der Billigung und Mißbilligung darin, im Verhalten wie in der Einstellung der Gesellschaftsmitglieder eine Übereinstimmung mit den gesellschaftlichen Normen hervorzurufen. Selbst wenn das Bewußtsein eines einzelnen von der überwiegenden Haltung seiner nächsten Mitmenschen abweicht, so ist es nach Smith immer noch eine Widerspiegelung der Einstellung von Zuschauern, aber von Zuschauern, die man sich als ebenso gut informiert vorstellt wie die Person, die sie beurteilen. Ethische Gefühle und ethische Urteile spiegeln gesellschaftliche Solidarität wieder und tragen dazu bei, sie zu verstärken.

Eine andere Form der sozialen Bindung, nämlich gegenseitige Abhängigkeit, wird durch die Arbeitsteilung bewirkt. Wir denken bei Adam Smith, dem Autor des *Wohlstands der Nationen*, zunächst daran, daß dieser die Rolle des homo oeconomicus in den Vordergrund gestellt hat, eine Gesellschaft, in der jeder als vereinzeltes Individuum seine wirtschaftlichen Ziele verfolgt. Dabei übersehen wir leicht, daß Smith dies im Kontext der Notwendigkeit einer Zusammenarbeit tut. Wenn Smith sagt, wir hätten unsere Nahrung vom

Eigennutz des Metzgers, Brauers und Bäckers und nicht von deren Wohlwollen zu erwarten, spricht er von der großen Bedeutung des Tauschs. Wir sind alle auf die Hilfe anderer angewiesen. Um sie zu erhalten, verlassen wir uns nicht auf ihr Wohlwollen; wir denken vielmehr darüber nach, wie wir wiederum ihnen helfen können, und wir erwarten, daß sie darauf reagieren. Zweifellos betont Smith das Motiv des Eigennutzes, aber sein wahres Ziel ist es, uns den Charakter und das ganze Ausmaß der gegenseitigen Abhängigkeit in der Gesellschaft vor Augen zu führen. Dasselbe zeigt sich auch in seiner Metapher von der unsichtbaren Hand. Die Mechanismen des Marktes führen dazu, daß die eigennützigen Handlungen einzelner Individuen für alle oder zumindest die meisten von Vorteil sind. Es sind die gesellschaftlichen Folgen, auf die es ankommt, nicht die individualistische Ursache.

Die soziale Bindung, die durch Sympathie und Vorstellungskraft erzeugt wird und in der *Theorie der ethischen Gefühle* eine so wichtige Rolle spielt, ist etwas ganz anderes als die gesellschaftlichen Bindungen der gegenseitigen Abhängigkeit, wie sie im *Wohlstand der Nationen* beschrieben werden; sie resultieren ebenso aus der Arbeitsteilung wie aus der Wirkungsweise des Marktes. Sie ist andersgeartet, aber mit den letzteren nicht unvereinbar. Die gesellschaftliche Bindung durch Sympathie und innere Vorstellung führt zu unserem Sittenkodex und weitgehend auch zu unseren Gesetzen. Wirtschaftliches Verhalten muß dagegen durch das Eigeninteresse erklärt werden. Das heißt nicht, daß eine Person, die wirtschaftliche Transaktionen vornimmt, dem, was andere von ihr denken, keine Beachtung schenkt. Ein wirtschaftlicher Tausch beruht unter vielem anderen auf einem Vertrag, und die gesetzlichen Bestimmungen über die Rechte und Pflichten eines solchen Vertrags hängen ebenso sehr mit der Ethik wie mit der Wirtschaft zusammen. Aber im wirtschaftlichen Leben nimmt der Gedanke an gesellschaftliche Billigung oder Mißbilligung gegenüber dem Bemühen, für sich selbst das Beste zu wollen, nur einen nachgeordneten Rang ein. Dennoch hat das wirtschaftliche Motiv des Eigennutzes de facto eine andere Form der gesellschaftlichen Solidarität, nämlich gegenseitige Abhängigkeit, zur Folge.

Die soziologische Dimension im Denken von Adam Smith wird auch in anderen Teilen von *Der Wohlstand der Nationen* sichtbar; noch deutlicher tritt sie in seinen rechtswissenschaftlichen und bis zu einem gewissen Grad sogar in seinen rhetorischen Vorlesungen hervor. Das Fünfte Buch im *Wohlstand der Nationen* ist streckenweise weit mehr eine soziologische als eine ökonomische Darstellung. Der Abschnitt über die Pflicht des Staates, das Rechtswesen in seine Hand zu nehmen, enthält eine knappe Zusammenfassung von Smith' Theorie der vier gesellschaftlichen Entwicklungsstufen, eine Theorie, derzufolge Gesetze und Regierungen aus bestimmten Gründen erst auf der zweiten Entwicklungsstufe, in der Zeit der Hirtennomaden auftreten. Die Theorie nimmt einen wesentlich breiteren Raum in den juristischen Vorlesungen ein, da sich Smith hier hauptsächlich mit der Geschichte des Rechts und des Staats beschäftigt, wobei die Wirtschaft als ein Teil der Regierungsführung behandelt wird. Smith' Betonung der Rolle des Privateigentums läßt zweifellos bereits die ökonomische Deutung der Geschichte der Gesellschaft ahnen, wie sie später das marxsitische Denken beherrschen sollte. Neuere Untersuchungen haben die Berechtigung in Zweifel gezogen, Smith eine »materialistische« oder ökonomische Deutung der Geschichte zuzuschreiben, da Smith kein strenger Determinist war und weil er die menschliche Eitelkeit für ein wesentlich wirksameres Motiv hielt als das Streben nach materiellen Gütern.[19] Das ändert jedoch nichts an der Tatsache, daß Smith in seiner Darstellung über die Ursprünge von Recht und Staat dem Privateigentum als Ursache eine große Bedeutung beigelegt hat.

»Ich sollte hinzufügen, daß das Zeitalter der Hirtenvölker jenes ist, in dem auch die Anfänge des Staates liegen. Das Privateigentum macht ihn zu einer unbedingten Notwendigkeit … Im Zeitalter der Jägervölker ist die gelegentliche Ausübung der Autorität der Gemeinschaft ausreichend für die wenigen Anlässe zu einem Streit, die sich ergeben können. Das Privateigentum, die große Quelle allen Streits, ist auf dieser Stufe kaum bekannt … Aber hier (d. h. im Zeitalter der Hirtenvölker)…, da einige einen großen Reichtum und andere nichts besitzen, ist es notwendig, daß der Arm der Obrigkeit ständig ausgestreckt bleibt und daß dauerhafte Gesetze oder Vorschriften erlassen werden, die das Eigentum der Reichen vor den Übergriffen der Armen schützen können … Gesetze und eine Regierung können … als ein Zusammenschluß der Reichen aufgefaßt werden, um die Armen zu unterdrücken und die ungleiche Verteilung der Güter in ihrem Interesse zu bewahren, die sonst sehr bald den Angriffen der Armen zum Raub fallen würden.« (J 208, 1762/63)

»Die Aneignung von Rinder- und Schafherden, mit der eine Ungleichheit der Vermögen eingeführt wurde, war das, was zuerst eine reguläre Regierung notwendig machte. Ohne Eigentum kann es keine Regierung geben, da deren eigentliches Ziel darin besteht, den Reichtum zu sichern und die Reichen gegenüber den Armen zu schützen.« (J 404, 1763/64)

»Für den Erwerb wertvoller und großer Vermögen ist es … unbedingt erforderlich, daß eine solche Verwaltung eingerichtet ist. Wo es jedoch kein Privateigentum gibt oder wenigstens keines, das den Erlös aus einer Arbeit von wenigen Tagen übersteigt, ist eine zivile Behörde nicht so nötig.« (WN 601)

»Auf der zweiten Entwicklungsstufe beginnt sich erstmals eine ungleiche Verteilung der Vermögen abzuzeichnen, die in den Hirtenvölkern ein Ausmaß an Autorität und Unterordnung entstehen läßt, das es vorher unmöglich geben konnte. Es kommt dadurch zu einer Art Regierung, die zum Zusammenhalt unbedingt notwendig ist … Wird also eine Regierungsgewalt zu dem Zwecke eingerichtet, das Eigentum zu sichern, so heißt das in Wirklichkeit nichts anderes, als die Besitzenden gegen Übergriffe der Besitzlosen zu schützen.« (WN 605)

An einer späteren Stelle im *Wohlstand der Nationen* nimmt Smith eine ökonomische Interpretation bestimmter historischer Ereignisse vorweg, wenn er erklärt, warum die Sophisten im alten Griechenland als Wanderlehrer umherzogen und warum es erst später zur festen Einrichtung von Akademien kam.

»Da eine Ausbildung in Philosophie und Rhetorik lange Zeit so wenig gefragt war, daß die ersten berufsmäßigen Lehrer für beide Wissenschaften in einer Stadt allein keine ausreichende Beschäftigung finden konnten, mußten sie von Ort zu Ort ziehen. Auf diese Weise lehrten und lebten Zenon aus Elea, Protagoras, Gorgias, Hippias und viele andere. Als dann der Bedarf an solcher Ausbildung größer wurde, entstanden, zunächst in Athen, später auch in anderen Städten Schulen für Philosophie und Rhetorik.« (WN 658 f.)

Auch in seiner Erörterung der Rolle der katholischen Kirche sieht Smith in den Praktiken der Geistlichen einen ökonomischen Faktor am Werk.

»In der römischen Kirche wird Einsatz und Eifer des niederen Klerus durch das ausgeprägte und starke Motiv des Eigeninteresses mehr gefördert und lebendig erhalten als wahrscheinlich in irgendeiner protestantischen Kirche. Viele Pfarrgeistliche bestreiten ihren Unterhalt zu einem recht beträchtlichen Teil aus Spendenopfern ihrer Gemeinde, eine Quelle des Einkommens, deren Ergiebigkeit zu verbessern ihnen die Ohrenbeichte manche Gelegenheit bietet. Die Bettelorden leben ausschließlich von solchen Opfergaben. Es ist mit ihnen wie mit den Husaren und der leichten Infanterie in manchen Heeren: Keine Beute, keine Einnahme.« (WN 669)

Eine noch breitere soziologische Perspektive zeigt sich bei Smith in seiner Erörterung der gesellschaftlichen Stände. In der *Theorie der ethischen Gefühle* erklärt er die Standesunterschiede als das Ergebnis sympathetischen Gefallens an den glücklichen Verhältnissen der Reichen und Mächtigen. Gleichzeitig bemerkt er, daß diese Form der Billigung unsere angemessene moralische Zustimmung zu Weisheit und Tugend tendenziell korrumpiert. Die Bewunderung für die Reichen und Mächtigen verführt diese dazu, mehr Wert auf Lebensart und Stand (»die Würde der erhabenen Stellung«) zu legen als auf wirkliches Verdienst. (TeG 70 ff.) Im *Wohl-*

stand der Nationen formuliert Smith diesen letzteren Punkt etwas anders und spricht von zwei verschiedenen Moralsystemen in jedem entwickelten Staatswesen: »Das eine mag man das nüchterne oder strenge, das andere das freie oder ... das lockere System nennen. Das niedere Volk bewundert und verehrt durchweg den Glauben des ersten, während die sogenannten Leute von Stand die Lehren des zweiten schätzen und übernehmen.« (WN 674)

Auch die rechtswissenschaftlichen Vorlesungen von Smith zeigen durchweg eine soziologische Betrachtungsweise. Bevor Smith im letzten Teil dieser Vorlesungen auf die Ökonomie zu sprechen kommt, behandelt er die Geschichte, Soziologie und Philosophie des Rechts und – etwas weniger ausführlich – des Staates. Alle drei Aspekte gehören zusammen. Für Smith liefern Geschichte und vergleichende Soziologie das Material, auf dessen Grundlage philosophische (oder wissenschaftliche) Verallgemeinerungen möglich sind. Allerdings tritt der soziologische Aspekt offenbar am häufigsten in den Vordergrund. Wenn Smith z. B. das Familienrecht behandelt, zeigt er ein tiefes Interesse an der Soziologie der Eheschließungen und -scheidungen, an der gesellschaftlichen Stellung der Frauen und den historischen Veränderungen in der gesellschaftlichen Macht der Männer als Ehemänner, Väter und Oberhäupter großer Familien. Das erstaunlichste Beispiel, das sich erneut im *Wohlstand der Nationen* wiederfindet, ist seine Anteilnahme an der Sklaverei – als einem sozialen und nicht nur juristischen Problem. Natürlich interessiert er sich auch für deren ökonomische Seite, wenn er schreibt: »Die Erfahrung zu allen Zeiten und in allen Völkern beweist, wie ich glaube, daß die Arbeit eines Sklaven am Ende die teuerste ist, obwohl sie offenbar lediglich seinen Unterhalt kostet.« (WN 319) Aber noch näher geht ihm die über lange Jahrhunderte hinweg verbreitete Praxis der Sklaverei.

»Wir neigen gern zu der Annahme, die Sklaverei sei in unseren Tagen vollständig abgeschafft, ohne daran zu denken, daß dies

113

lediglich in einem kleinen Teil Europas der Fall ist, ohne uns daran zu erinnern, daß sie im gesamten Moskowiterreich, in allen Teilen Osteuropas und in ganz Asien, das heißt von Böhmen bis zum Indischen Ozean, in ganz Afrika und im größten Teil Amerikas noch immer geübt wird. Es ist sogar fast unmöglich, sie jemals vollständig oder allgemein abzuschaffen.« (J 181)

Smith' soziologisches Interesse reicht selbst in seine Rhetorikvorlesungen hinein. Professor W. S. Howell hat gezeigt, daß der wichtigste Charakterzug dieser Vorlesungen ihre Unabhängigkeit von der Tradition ist, indem sie den Umfang einer Theorie der Rhetorik erweitert und diese den Erfordernissen der Zeit anpaßt.[20] Daneben findet sich hier eine Sensibilität gegenüber der Art und Weise, wie unterschiedliche Formen der Rede den Bedürfnissen unterschiedlicher Gesellschaftsformen entsprechen. »Die unzivilisiertesten und rohesten Völker« wie die »an den Küsten Afrikas« verbringen ihre Mußestunden mit gemeinsamem Tanzen und Singen, bemerkt Smith. Zu diesem Zweck müssen sie die poetische Dichtkunst pflegen, nicht jedoch die Prosa. »Es ist die Einführung von Handel und Gewerbe oder zumindest des Reichtums, der bei dem gewöhnlich auf dem Fuße folgt, was als erstes zu einer Kultivierung der Prosa führt.« (R 137) Im Anschluß daran stellt Smith die Hypothese auf, daß stilistische Unterschiede zwischen den Reden des Demosthenes und denen Ciceros oder zwischen den philosophischen Dialogen Platons und denen Ciceros auf die unterschiedlichen Gesellschaftsstrukturen in Athen und Rom zur damaligen Zeit zurückzuführen sind.

»Beim römischen Adligen ... kamen vielleicht ... auf einen, der ihm gleichgestellt war, 1000 Menschen, die rangniederer waren als er selbst ... Weil er im allgemeinen zu Rangniederen sprach, war seine Redeweise die eines Herausgehobenen ... Seine Rede war schwülstig und überladen und erweckte den Eindruck, die Sprache eines Höherstehenden zu sein.
Demgegenüber hatten die Athener Bürger alle die gleiche Stellung; die Höchsten und die Niedersten galten als in keiner Weise

voneinander unterschieden und lebten und sprachen miteinander mit der größten Selbstverständlichkeit … Man hat festgestellt, daß sich in den Dialogen keine Höflichkeitsfloskeln oder Komplimente auffinden lassen, während die Ciceros voll davon sind …

Diese Überlegungen können dazu beitragen, viele Unterschiede in Stil und Redeweise zwischen Demosthenes und Cicero zu erklären. – Der letztere spricht mit der Würde und Autorität eines Höhergestellten, der erstere mit der Ungezwungenheit dessen, der zu seinesgleichen redet.« (R 158 f.)

In allen seinen soziologischen Erörterungen entnimmt Smith seine Beispiele der Geschichte und der Sozialanthropologie, soweit sie ihm damals zugänglich war. Das heißt, er verwendete die komparative Methode. Gleich anderen Denkern der schottischen Aufklärung lernte er diese Methode von Montesquieu. Auch bei diesem machte er Anleihen, nutzte jedoch zusätzlich eine ganze Reihe weiterer Quellen. Der Umfang seiner Quellen für seine Vorlesungen über vergleichende Rechtsgeschichte ist z. B. wesentlich größer als man annehmen sollte. Für ihn war es eine Selbstverständlichkeit, fundierte Kenntnisse in römischem und schottischem Recht zu besitzen. Außerdem kannte er sich ziemlich gut in englischem Recht aus, was seiner vergleichenden Methode sehr zustattenkam. In seinen rechtswissenschaftlichen Vorlesungen finden sich außerdem Hinweise auf bestimmte Gesetze oder Institutionen im Athen oder Sparta der Antike, bei den alten Germanen (nach Tacitus), bei den Hebräern des Alten Testament, den »Tartaren«, den Stämmen an der Küste Guineas und den nordamerikanischen Indianern, in Frankreich, Holland, der Schweiz, der Lombardei, Rußland, Venedig, Ostindien, Persien, der Türkei, Ägypten, China und Japan. Wie jeder heutige Soziologe weiß, ist die vergleichende Methode ein ziemlich sinnvoller Weg bei dem Versuch, zu wissenschaftlichen Verallgemeinerungen zu gelangen. Das muß man sich stets vor Augen halten, wenn man Smith' Einstellung zur Natur und zum Naturrecht beurteilt. Seine Belege reichten häufig nicht aus, um seine Hypothesen nach wissenschaftlichen Maßstäben zu bestätigen; doch die Irrtümer, die ihm aufgrund der vergleichenden Methode unterliefen, sind weniger grob als die seiner Kommentatoren, wie ich sie bereits angeführt habe, die bei ihren Vergleichen der *Theorie der ethischen Gefühle* mit dem *Wohlstand der Nationen* ihr Untersuchungsmaterial mißverstanden haben.

6. Philosophie, Naturwissenschaft und Geschichte

»Kratzt man an einem Schotten, so kommt ein Philosoph darunter zum Vorschein«, sagt ein altes Sprichwort. Tom Stoppard brachte es wieder in Umlauf, als er in seinem Stück *Jumpers* den schottischen Universitätspedell zu einem ebenso kritischen Philosophen machte wie den Professor für Moralphilosophie. Vielleicht hatte Adam Smith einen solchen Mann im Sinn, als er schrieb, ein Philosoph und ein Pedell unterschieden sich nur wenig in ihren angeborenen Fähigkeiten. (J 348 und 493) Die schottische Universitätstradition der Philosophie hatte jedenfalls im 18. Jahrhundert einen ausgeprägten Einfluß und infizierte das Denken einer Vielzahl gebildeter Männer. Die Vorlesungen eines führenden Naturwissenschaftlers wie Joseph Black enthalten ebenso wie die Bücher eines führenden Juristen wie Lord Kames untergründig den Ton einer ernsthaften philosophischen Untersuchung. Smith selbst begann seine berufliche Laufbahn als Philosoph, und er blieb es bis an sein Lebensende. Obwohl sich zeigte, daß seine stärkste Begabung auf dem Gebiet der Wirtschafts- und der Sozialwissenschaft lag, verlor er zu keiner Zeit seine philosophischen Interessen. Noch 1785 plante er die Vollendung einer »Art philosophische Geschichte« der Literatur und Philosophie, und in seinen letzten Jahren verwendete er viel Mühe auf die Überarbeitung und Erweiterung der *Theorie der ethischen Gefühle*. Nach Sir Samuel Romilly hielt er »zeitlebens seine *Theorie der ethi-*

schen Gefühle dem *Wohlstand der Nationen* für weit überlegen«. Wenn das stimmt, dann irrte er zwar in seinem Urteil, aber alle Erzählungen über ihn bestätigen seine anhaltende Liebe zu philosophischem Denken.[21]

Smith hätte keine eindeutige Unterscheidung zwischen der Philosophie und den Sozialwissenschaften oder der Naturwissenschaft anerkannt. Allgemein ausgedrückt, benutzt er die beiden Begriffe »Philosophie« und »Wissenschaft« fast als Synonyme. Es gibt eine Stelle im *Wohlstand der Nationen,* wo er indirekt eine Unterscheidung trifft, wenn er vom »Studium der Naturwissenschaft und Philosophie« spricht. Am Ende desselben Abschnitts heißt es: »Die Wissenschaft ist das wichtigste Mittel gegen das Gift der Schwärmerei und des Aberglaubens.« (WN 676) Zuvor hatte er über Religion und religiöse Ethik gesprochen; mit der Formel »Schwärmerei und Aberglauben« meint er die Religion. Etwas davor heißt es, ein Großteil der nachchristlichen Moralphilosophie habe absurden Religionslehren Vorschub geleistet. Das ist wohl der Grund, warum er hier diesen Unterschied zwischen Philosophie und Naturwissenschaft gemacht hat. Philosophie kann manchmal irrational sein; die Naturwissenschaft dagegen ist jene Form der Untersuchung eines Gegenstandes, die sich an die beobachtbaren Tatsachen hält. Im allgemeinen hätte Smith freilich eine solche Untersuchung als eine Form der Philosophie bezeichnet, einer schulgerechten Philosophie, gleichgültig, ob sie es mit stofflichen Dingen oder mit menschlichem Verhalten zu tun hatte.

Für Smith ist ein »Philosoph« ein nachdenklicher Zuschauer, der sich Zusammenhänge vorstellen kann, die eine theoretische Erklärung oder eine praktische Erfindung ermöglichen. Im ersten Kapitel des *Wohlstands der Nationen* gibt er so etwas wie eine Definition, wenn er davon schreibt, daß manche Entdeckungen von »sogenannte(n) Philosophen oder Theoretiker(n gemacht werden), deren Aufgabe es weniger ist, die Dinge zu verändern als sie zu beobachten. Sie sind auf Grund ihrer Spekulationen häufig imstande, Phänomene, die sehr verschieden sind und wenig Bezug zueinander haben, sinnvoll zu verknüpfen.« (WN 14) Seine »Philosophen oder Theoretiker« sind nicht einfach Stubengelehrte, obwohl sie den Männern der Tat gegenübergestellt werden. James Watt oder auch Sir Isaac Newton sind »Philosophen« in dem Sinne, wie Smith den Begriff gebraucht. In den entsprechenden Passagen früherer Entwürfe seines Denkens erwähnt Smith den »Philosophen«, der die »Feuerspritze« oder »Löschmaschine« erfand. (J 347, 349, 492, 570) Wissenschaftler und Techniker sind nicht weniger als die Philosophen im modernen Sinne des Wortes »Theoretiker«, die genügend Zeit haben, Beobachtungen zu machen und in ihrer Vorstellung Verbindungen herzustellen, die anderen nicht einfallen würden. Diese Verbindungen können physikalischer, metaphysischer oder sozialer Art sein. Im *Wohlstand der Nationen* bezeichnet Smith Quesnay als einen »Arzt und theoretisch höchst interessiert«, da er sich vom »Staatskörper« eine gleiche Vorstellung gemacht habe wie vom menschlichen Körper. (WN 570) In der *Theorie der ethischen Gefühle* versucht Smith sich vorzustellen, welches unsere Reaktionen wären, wenn ganz China durch ein Erdbeben zerstört würde: Nach einer anfänglichen Bestürzung über das allgemeine Elend würde ein nachdenklicher Mensch »mancherlei Überlegungen über die Wirkungen anstellen, die dieses Unglück für den Handel Europas und für den Geschäftsverkehr der Welt im allgemeinen nach sich ziehen dürfte.« (TeG 201 f.)

Wenn Voltaire über das Erdbeben von Lissabon nachgedacht hätte, so wären seine Betrachtungen auf die Folgen für die Theologie gerichtet gewesen, Smith dagegen hätte seine Aufmerksamkeit auf die Folgen für die Weltwirtschaft gelenkt.

Philosophie, Naturwissenschaft und Sozialwissenschaft waren für Smith gleichartige Unternehmungen. In dem Manuskript, das W. R. Scott als einen »Rohentwurf« des ersten Teils des *Wohlstand der Nationen* bezeichnet hat[22], findet sich eine Aufzählung verschiedener Arten von »Philosophen« – »mechanische, chemische, astronomische, physikalische, metaphysische, Moralphilosophen, politische, ökonomische und kritische [d. h. Autoren über Literaturtheorie und Ästhetik]« (J 570). Sie alle haben ein ähnliches Ziel, die Herstellung von Zusammenhängen zwischen verschiedenartigen Phänomenen, aber sie bedienen sich nicht alle derselben Methode bei der Suche nach den relevanten Phänomenen. Alle stützen sich auf – eigene und fremde – Beobachtungen. Die meisten Naturwissenschaftler sind allerdings auf Beobachtungen, die in der geschichtlichen Vergangenheit liegen, kaum angewiesen und können in ihren eigenen Laboratorien Beobachtungen wiederholen, die von anderen mitgeteilt wurden. Die Sozialwissenschaftler müssen sich weit mehr auf die Geschichte und neben den eigenen auf die mitgeteilten Beobachtungen anderer Wissenschaftler stützen. Smith war ein scharfer und zumeist genauer Beobachter, aber er wußte nur zu gut, daß seine eigenen Beobachtungen nur zu einem geringen Teil zu den Daten beitragen konnten, die er benötigte, für die Ökonomie ebenso wie für die Sozialwissenschaft und die Moralphilosophie. In allen drei Disziplinen stützte er sich überwiegend auf historische Darstellungen und Mitteilungen zeitgenössischer Forscher. Wie ich im 2. Kapitel gesagt habe, war die von ihm bevorzugte Methode, sich in einen Gegenstand einzuarbeiten, das Studium der Geschichte, um anschließend nach einer kritischen Prüfung der bisherigen Theorien durch deren Verbesserung seinen eigenen Beitrag zu leisten. Der Zweck von Smith' historischen Untersuchungen, ob er nun die Geschichte von Ereignissen oder die von Theorien studierte, bestand darin, sich das erforderliche Belegmaterial zu verschaffen, um eine Verallgemeinerung, eine Hypothese über ein mögliches wissenschaftliches Gesetz zu bestätigen oder zu widerlegen.

Bald nach Smith' Tod schrieb Dugald Stewart im Auftrag der Royal Society in Edinburgh eine Darstellung seines Lebens und Werks. Später wurde sie als Einleitung in Smith' *Essays on Philosophical Subjects*, die 1795 erschienen, mit aufgenommen. Dabei prägte Stewart die Formel von der »theoretischen oder hypothetischen Geschichte«, um Smith' Verfahrensweise in den meisten seiner Arbeiten zu kennzeichnen. Angeregt wurde Stewart zu seinen Bemerkungen über diesen Punkt durch einen Essay Smith' mit dem Titel »Considerations Concerning the First Formation of Languages« als Anhang zur dritten (bei Stewart steht: zur zweiten) und allen folgenden Auflagen der *Theorie der ethischen Gefühle*. Dieser Essay ist die Ausarbeitung einer kürzeren Behandlung dieses Themas in Smith' Rhetorikvorlesungen. Nach Stewart ist dieser Essay über den Ursprung und die Entwicklung von Sprachen wegen seiner Gedankentiefe an sich schon interessant, mehr noch aber »als ein Musterbeispiel für eine bestimmte Vorgehensweise der Untersuchung«, die sich »in all seinen verschiedenen Schriften findet, sei ihr Gegenstand moralischer, politischer oder literarischer Natur« (P 292). Stewart behauptete allerdings nicht, »theoretische oder hypothetische Geschichte« sei nur für Smith charakteristisch gewesen, sondern als Methode seit Montesquieu von etlichen modernen Denkern angewandt worden. Aber in späteren Abhandlungen über Smith taucht dieser Begriff immer wieder auf.

Das Adjektiv »hypothetisch« ist irreführend, wenn es (wie es geschehen ist) so verstanden wird, daß Smith einige seiner Daten erfunden und das Ergebnis als Geschichte bezeichnet hat. Man könnte versucht sein, das von seinem Essay über die Sprachen zu behaupten, der manche Spekulationen enthält, die einfach auf logischen Kategorien beruhen – obgleich dort auch empirische Tatsachen über die Sprachen angeführt werden, die Smith bekannt waren, und eine wissenschaftliche vergleichende Philologie in bezug auf die Struktur des Griechischen und Lateinischen und die moderner europäischer Sprachen versucht wird. Man könnte auch sagen, daß die Theorie der vier gesellschaftlichen Entwicklungsstufen ihre Hypothese von der historischen Abfolge dieser Stufen auf ein recht schmales empirisches Fundament stellt. Es gibt jedoch nur sehr wenig in Smith' sonstigen historischen Erörterungen, das spekulativ oder hypothetisch wäre, ob auf dem Gebiet der ethischen Theorie, der Rechts- und Staatsgeschichte, der Naturwissenschaft oder der Metaphysik. Stewart erwähnte ausdrücklich Smith' Essay über die Geschichte der Astronomie (zusammen mit einer vergleichbaren, etwas späteren Geschichte der Mathematik des französischen Wissenschaftlers J. E. Montucla) als Beispiel dafür, was er mit »theoretischer Geschichte« sagen wollte; das andere Adjektiv »hypothetisch« gebrauchte er nur einmal, bei der Einführung des Begriffs, während er danach nur noch von »theoretischer Geschichte« schrieb. An Smith' Geschichte der Astronomie findet sich überhaupt nichts Hypothetisches. Sie besteht aus handfesten und insgesamt zuverlässigen Daten rein empirischer Art über die verschiedenen astronomischen Theorien, die von Eudoxus bis Newton vertreten worden sind. Der Essay als solcher kann allerdings zutreffend als eine theoretische Geschichte bezeichnet werden (oder besser als »eine Art philosophischer Geschichte« – in dem Sinne, in dem Smith das unvollendete Projekt, dessen Bestandteil er hätte sein sollen, beschrieben hat), da er die Geschichte der Naturwissenschaft als empirische Basis einer Philosophie der Naturwissenschaft benutzt. In ähnlicher Weise kann man sagen, daß Smith die Geschichte des Rechts, der Staaten und der Wirtschaftswissenschaft als Grundlage für verallgemeinernde Aussagen in der Theorie oder Philosophie des Rechts, des Staates und der Wirtschaftswissenschaft benutzt.

Der Essay über die Geschichte der Astronomie zeigt uns, wie Smith das Verhältnis von Theorie und Geschichte aufgefaßt hat. Wir dürfen nicht vergessen, daß er ähnlich wie manche seiner Zeitgenossen keinen eindeutigen Unterschied zwischen Philosophie und Wissenschaft gemacht hat. Wenn er historisches Belegmaterial heranzog, um Verallgemeinerungen in der »Politischen Ökonomie« zu begründen, so könnten heutige Wissenschaftler diese Verallgemeinerungen als Theorien oder Hypothesen in der »Wirtschaftswissenschaft« oder der »Politikwissenschaft« bezeichnen. Was Smith angeht, so gab es keinen substantiellen Unterschied zwischen den Prinzipien, nach denen man in der »Naturphilosophie« (d. i. theoretische Naturlehre) fortschritt, und den entsprechenden Prinzipien in der »Moralphilosophie« einschließlich der »Rechtsphilosophie« und der »Politischen Ökonomie«. Wie wir noch sehen werden, erfordert das Vorgehen den Einsatz des menschlichen Vorstellungsvermögens, und deshalb war Stewarts Charakterisierung der Methode Smith' als »hypothetisch« nicht so ganz abwegig; aber Stewart führte in die Irre, indem er unausgesprochen den Gedanken nahelegte, daß fehlende historische Daten mit Hilfe hypothetischer Vermutungen oder Vorstellungen ersetzt werden sollten. Smith ist der Auffassung, es bedürfe der Vorstellung, um die Lücken eines vorgeschlagenen Systems zu schließen, einer Theorie oder eines Modells, das versucht, die durch Beobachtung gewonnenen Daten zu vereinheitlichen. Dies ist zudem eine Übung des Vorstellungsvermögens, die in der Wissenschaft ihre höchsten Leistungen erreicht.

Smith' langer Essay »The History of Astronomy«, der in den *Essays on Philosophical Subjects* enthalten ist, verdient als das Werk eines herausragenden Denkers zusammen mit der *Theorie der ethischen Gefühle* und dem *Wohlstand der Nationen* auf eine Stufe gestellt zu werden. Mit diesem Essay reiht Smith sich ein in die Urheber der Geschichte und Philosophie der Naturwissenschaft. Unter historischem Aspekt ist diese Schrift nicht nur für ihre Zeit bemerkenswert gut informiert; das meiste davon hat auch heute noch Bestand. Sie ist außerdem zutiefst philosophisch, in der Struktur, die sie aus den historischen Fakten gewinnt, mehr noch in ihrer Erklärung der Veränderungen von einer Form der wissenschaftlichen Theorie zu einer anderen.

Smith geht aus von der traditionellen Auffassung bei Platon und Aristoteles, daß die Philosophie (oder die Wissenschaft) mit dem Staunen beginnt. Aber sogleich entwickelt er diesen Gedanken weiter zu einer psychologischen Theorie, daß ein inneres Unbehagen angesichts neuer, unbekannter Sachverhalte zum Verschwinden gebracht werden kann, wenn es uns gelingt, das Unbekannte mit etwas zu verknüpfen, das uns bereits vertraut ist. Ein heutiger Wissenschaftler könnte diese Situation so beschreiben, daß ein scheinbar außergewöhnliches Ereignis durch den Nachweis erklärt wird, daß es kein isoliertes, individuelles Vorkommnis ist, sondern Beispiel für ein allgemeines Gesetz. Smith beschränkt sich auf die psychologischen Wirkungen, erst die Überraschung über das seltsame Ereignis und dann die Erleichterung darüber, daß es letztlich doch der Welt der vertrauten Dinge zugeordnet werden kann. Eine wissenschaftliche Theorie (in der Astronomie oder anderswo) hat eine befriedigende Wirkung, weil sie ein inneres Unbehagen angesichts eines unerklärlichen Ereignisses beseitigen kann. Doch das Außergewöhnliche ist nicht der einzige Grund für unser inneres Unbehagen. Wenn wir uns gegenüber einem wiederholt auftretenden Muster nicht unwohl fühlen sollen, muß es vergleichsweise einfach sein. Sobald es kompliziert wird, ist es bei erneutem Auftreten weniger leicht zu begreifen, weniger vertraut und deshalb unangenehmer für uns. Wenn eine wissenschaftliche Theorie (z. B. das ptolemäische System der Astronomie) sehr komplex geworden ist, um alle beobachteten Systeme darin unterzubringen, sind wir abermals unzufrieden und bereit, eine andere, einfachere Theorie (wie die kopernikanische) anzunehmen. Doch auch die Einfachheit kann ihren Preis haben. Im Fall der kopernikanischen Theorie haben wir zwar ein einfacheres Muster, aber dafür müssen wir uns an eine neue Vorstellung gewöhnen, die für uns äußerst fremd ist, nämlich, daß die Erde nicht stillsteht, sondern sich dreht. Deshalb brauchen wir eine Entwicklung in der Theoriebildung, die uns von unserem Unbehagen und im Extremfall unserem Schock angesichts des Fremdartigen befreit.

Diese psychologische Erklärung für die Entwicklung der Wissenschaft oder der Philosophie gehört ihrerseits für Smith zur Philosophie. Sie befindet sich im Einklang mit dem

Verständnis von Philosophie, das er von Hume gelernt hatte. Im Zentrum von Smith' Erklärung steht eine Darlegung der Funktionen der menschlichen Vorstellung, die unmittelbar auf Humes Theorie über unseren Glauben an eine ewigwährende äußere Welt zurückgeht, mit deren Hilfe jedoch gezeigt werden soll, auf welche Weise die wissenschaftliche Theorie einen Rahmen errichtet, der beobachteten Erscheinungen angepaßt wird. Hume hatte gesagt, daß die menschliche Imagination die Lücke zwischen beobachteten »Eindrücken« (die Daten der Wahrnehmung) füllt, so daß wir glauben, wir hätten es mit einem dauerhaften Gegenstand zu tun. So sehe ich z. B. um 10:05 h etwas Weißes, Rechteckiges vor mir liegen; ich gehe weg, und wenn ich um 10:10 h wiederkomme, sehe ich einen ähnlichen weißen, rechteckigen Gegenstand. Meine Vorstellung füllt die Lücken, die bei einer Reihe solcher Beobachtungen auftreten, und erzeugt in mir die Vermutung, daß es sich um einen dauerhaften materiellen Gegenstand handelt, ein Blatt Papier, das die ganze Zeit über existiert, sowohl während ich es betrachte als auch während ich abwesend bin. Smith änderte Humes Theorie dergestalt, daß er sie auf wissenschaftliche Hypothesen über unbeobachtete Wesenheiten anwenden konnte. Die Vorstellung füllt die Lücken zwischen beobachteten Phänomenen (Sonne, Mond, andere Planeten und Fixsterne) und erzeugt in uns das Bild einer großartigen »Maschine« (z. B. ein System aus Kristallkugeln, welche die beobachteten Himmelskörper enthalten, ohne selbst beobachtbar zu sein, da sie aus durchsichtigem Kristall bestehen).

Offenbar betrachtet Smith alle wissenschaftlichen und philosophischen Systeme als Produkte unserer Vorstellung.

»Systeme gleichen in mancher Hinsicht Maschinen. Eine Maschine ist ein kleines System, das dazu dient, in der Wirklichkeit alle verschiedenen Bewegungen und Wirkungen auszuführen und miteinander zu verbinden, die der Handwerker [d. h. der Praktiker im Gegensatz zum Theoretiker] vorgesehen hat. Ein System ist eine zu dem Zweck erdachte Maschine, in der Vorstellung alle verschiedenen Bewegungen und Wirkungen miteinander zu verbinden, die in der Wirklichkeit bereits ausgeübt werden.« (P 66)

Wissenschaftliche Theorien oder Systeme sind gedachte Strukturen, die beobachtete Bewegungen und andere Ereignisse miteinander verknüpfen. Die Systeme selbst sind keine Naturtatsachen, zumindest können wir sie nicht als solche erkennen. Eine Theorie oder ein System, so Smith, wird einer anderen Theorie oder einem System vorgezogen, wenn sie den Neigungen des menschlichen Denkens besser entgegenkommt, und nicht, weil es das einzige System oder die einzige Theorie ist, welche die beobachteten Erscheinungen erklärt.

Besonders beeindruckt war Smith von der Änderung in der Einstellung unter den Naturwissenschaftlern gegenüber Descartes' Theorie der Wirbel im Weltall. Wie er die Geschichte der Astronomie sah, triumphierte die kopernikanische Hypothese über ihre Vorgänger aufgrund ihrer Einfachheit, sah sich jedoch einem enormen psychologischen Hindernis gegenüber, da sie bedeutete, daß die Erde zwei unterschiedliche Bewegungen mit sehr hoher Geschwindigkeit ausführte. Die Schwierigkeit bestand nicht so sehr in dem bloßen Gedanken, daß die Erde sich entgegen dem Augenschein tatsächlich bewegte. Zumindest die Gelehrtenwelt war eher darüber beunruhigt, daß die bisherige Theorie die Bewegung von Körpern mit extrem großer Masse als äußerst langsam angenommen hatte, während die kopernikanische Hypothese verlangte, sich an den Gedanken zu gewöhnen, daß die tägliche Rotation der Erde um ihre eigene Achse für jeden Punkt am Äquator eine Geschwindigkeit von 1600 Kilometern in der Stunde bedeutete, schneller als eine Kanonenkugel oder gar der Schall, und daß die Bahnbewegung der Erde um die Sonne sich sogar mit noch größerer Geschwindigkeit vollzog. Descartes' Theorie der Himmelswirbel erlangte Popularität, weil sie versuchte, »die größte Schwierigkeit im kopernikanischen System, die schnelle Bewegung der riesigen Planetenkörper, der menschlichen Vorstellung nahezubringen« (P 96). Mit der Zeit gab jedoch Newtons System eine befriedigendere Erklärung, und die Theorie von Descartes wurde zu einer »widerlegten Hypothese«.

Aufgrund seiner Einstellung war Smith durchaus bereit, die Möglichkeit zu akzeptieren, daß auch mit Newtons Theorie nicht das letzte Wort gesprochen war. Am Ende seines Essays erinnerte er mit einigen Schwierigkeiten daran, daß seine Darstellung der Naturwissenschaft als eines Werks der Vorstellungskraft ebenso für Newtons Theorie wie für alle früheren Systeme gelten mußte.

»Und selbst wir, die wir uns unterfangen haben, alle philosophischen Systeme als reine Gespinste unserer Einbildung darzustellen, ... sind unmerklich dazu verleitet worden, eine Sprache zu gebrauchen, welche die Verknüpfungsprinzipien dieses einen Systems in einer Weise zum Ausdruck bringt, als wären sie wirkliche Ketten, deren die Natur sich bedient, um ihre verschiedenen Abläufe miteinander zu verbinden. Ist es da noch zu verwundern, daß es die allgemeine und uneingeschränkte Zustimmung der Menschheit erlangt hat und daß es hinfort nicht mehr als ein Versuch, in unserer Vorstellung die Erscheinungen des Himmels miteinander zu verknüpfen, betrachtet werden sollte, sondern als die größte Entdeckung, die je von Menschen gemacht worden, die Entdeckung einer riesigen Kette der tiefsten und sublimsten Wahrheiten, die alle durch eine grundlegende Tatsache zusammengehalten werden, deren Realität wir tagtäglich erleben?« (P 105)

Es war in der Tat eine bemerkenswerte Leistung von Adam Smith, daß er um die Mitte des 18. Jahrhunderts den Gedanken aussprechen konnte, Newtons Beschreibung des Sonnensystems sei möglicherweise keine Tatsachenbehauptung, sondern ebenfalls eine Theorie, die eines Tages durch eine andere ersetzt werden würde. Zu dieser Denkweise war er in der Lage, weil für ihn alle theoretischen Systeme auf der menschlichen Vorstellungskraft beruhten.

Es gibt keinen Grund für die Annahme, daß Smith Systeme der ökonomischen Theorie in dieser Hinsicht als etwas anderes ansah als Systeme der Naturphilosophie. Eine solche

Vermutung liegt vielleicht nahe, wenn man sich an seine Bemerkung erinnert, daß das physiokratische System von allen bisher veröffentlichten ökonomischen Theorien »der Wahrheit vielleicht am nächsten« kam. Das liest sich so, als gäbe es eine »Wahrheit«, die zu erreichen sei. Tatsächlich ist es jedoch eine ganz naheliegende Redeweise, wenn man in eine Diskussion der relativen Verdienste verschiedener Theorien in einer bestimmten Disziplin vertieft ist. Smith war zweifellos überzeugt, daß das physiokratische System in der Erklärung objektiver Tatsachen dem merkantilistischen überlegen war, so wie er – wie übrigens jeder andere seiner Zeitgenossen auch – von der Überlegenheit des newtonischen über das cartesianische System der Naturphilosophie überzeugt war. In seiner »Geschichte der Astronomie« bemerkte er, daß er gleich anderen auf natürliche Weise bewogen wurde, vom System Newtons als einer Entdeckung der objektiven Wahrheit zu sprechen. So schrieb er auch in der *Theorie der ethischen Gefühle,* ein System der Naturphilosophie wie das des Descartes könne lange Zeit hindurch akzeptiert werden »und doch keine Grundlage in der Natur, noch die mindeste Ähnlichkeit mit der Wahrheit besitzen« (TeG 522). Dem läßt sich entnehmen, daß das System Newtons eine Gundlage in der Natur hat und zumindest eine gewisse Ähnlichkeit mit der Wahrheit aufweist. Doch wenn Smith einen Schritt zurücktritt und die Gesamtheit aller theoretischen Systeme betrachtet, dann unterscheidet er sie von den tatsächlichen oder jedenfalls den erkennbaren Naturtatsachen.

Aus alledem ergibt sich, daß Smith von seinem eigenen System der Ökonomie dasselbe gesagt hätte, was er von Newtons System der Astronomie gesagt hat. Es ist triftiger als seine Vorgänger, aber es ist immer noch ein theoretisches System, ein Produkt der Einbildungskraft, keine Beschreibung von »wirklichen Ketten, von denen die Natur Gebrauch macht, um ihre verschiedenen Abläufe miteinander zu verbinden«. Das »Streben« der Marktpreise hin zum natürlichen

Preis, die »unsichtbare Hand«, die selbstsüchtig Handelnde dazu »bewegt«, das Allgemeinwohl zu fördern, die scheinbare Macht der »natürlichen Freiheit« und der »natürlichen Gleichheit« – das alles sind Produkte der Vorstellung, die uns behilflich sind, beobachtbare Fakten miteinander zu verknüpfen, ohne daß sie selbst Fakten oder Realitäten wären, die wir beobachten oder auf andere Weise erkennen können. Trotzdem sind sie Smith zufolge ein Hilfsmittel unserer Erkenntnis; um Zusammenhänge herzustellen, benötigt die Wissenschaft ihre »imaginativen Maschinen«. Der Autor des *Wohlstands der Nationen* ist von dem Philosophen, der »Die Geschichte der Astronomie« und die *Theorie der ethischen Gefühle* geschrieben hat, nicht zu trennen. *Der Wohlstand der Nationen* ist sein Meisterwerk und glänzt durch sein eigenes Leuchten, erstrahlt jedoch noch einmal anders, wenn es im Licht der beiden anderen Werke gesehen wird.

Anmerkungen

1 *Letters of James Boswell,* hrsg. von C. B. Tinker, Oxford 1924, S. 46; zit. nach J. C. Bryce in seiner Einleitung zu A. Smith, *Lectures on Rhetoric and Belles Lettres,* S. 34.
2 E. Westermarck, *Ethical Relativity,* London 1932, S. 71.
3 H. T. Buckle, *Geschichte der Civilisation in England,* Leipzig/ Heidelberg 1860, Bd. 1, S. 182; vgl. auch ebd., Bd. 2, S. 432.
4 J. Rae, *Life of Adam Smith,* London 1895, S. 5.
5 Ebd., S. 57.
6 Ebd., S. 170.
7 Ebd., S. 211 f.
8 Ebd., S. 287.
9 Ebd., S. 405.
10 A. L. Macfie, *The Individual in Society,* London 1967, S. 66.
11 Aus dem Logbuch der *Prince George,* zit. nach R. Faux, »Swallowed in the Swirling Sarcophagus«, *The Times,* 16. 10. 1982, Wochenendbeilage, S. 1.
12 J. A. Schumpeter, *Geschichte der ökonomischen Analyse,* Göttingen 1965, S. 244 f.
13 Ebd., S. 248.
14 Ebd., S. 242.
15 Buckle, a.a.O., Bd. 2, S. 426.
16 W. von Skarżyński, *Adam Smith als Moralphilosoph und Schöpfer der Nationalökonomie,* Berlin 1878, S. 6 f., 53.
17 J. Viner, »Adam Smith and Laissez Faire«, *Journal of Political Economy,* 35 (1927); Wiederabdr. in J. Viner, *The Long View and the Short,* Glencoe, Ill., 1958.
18 J. Viner, »Adam Smith«, *International Encyclopedia of the Social Sciences,* New York 1968.

19 Zu Determinismus und »Materialismus« vgl. D. Winch, *Adam Smith's Politics,* Cambridge 1978, S. 57, 81; Genaueres bei K. Haakonssen, *The Science of a Legislator,* Cambridge 1981, S. 181 ff.

20 W. S. Howell, »Adam Smith's Lectures on Rhetoric: An Historical Assessment«, *Speech Monographs,* 36 (1969); Wiederabdr. in A. S. Skinner und T. Wilson (Hg.) *Essays on Adam Smith,* Oxford 1975.

21 Sir S. Romilly, *Memoirs,* London 1840, Bd. 1, S. 403; zit. nach Rae, a.a.O., S. 436.

22 W. R. Scott, *Adam Smith as Student and Professor,* Glasgow 1937, S. xxii, 317.

Literatur

Schriften von Adam Smith

Wer sich umfassend mit dem Werk von Smith beschäftigen will, muß auf die sechsbändige Gesamtausgabe der Smithschen Schriften zurückgreifen, die zwischen 1976 (anläßlich des 200. Geburtstages von *Der Wohlstand der Nationen*) und 1983 in der Clarendon Press, Oxford, erschienen ist: *The Glasgow Edition of the Works and Correspondence of Adam Smith* – »eine meisterliche Edition« (Horst Claus Recktenwald), die allen wissenschaftlichen Standards genügt:

Bd. I: *The Theory of Moral Sentiments*, ed. by D. D. Raphael and A. L. Macfie (1976);

Bd. II: *An Inquiry into the Nature and Causes of the Wealth of Nations*, ed. by R. H. Campbell, A. S. Skinner and W. B. Todd (1976);

Bd. III: *Essays on Philosophical Subjects*, ed. by W. P. D. Wightman, J. C. Bryce and I. S. Ross (1980);

Bd. IV: *Lectures on Rhetoric and Belles Lettres*, ed. by J. C. Bryce (1983);

Bd. V: *Lectures on Jurisprudence*, ed. by R. L. Meek, D. D. Raphael and P. G. Stein (1978);

Bd. VI: *The Correspondence of Adam Smith*, ed. by E. C. Mossner and I. S. Ross (1977).

In deutscher Übersetzung liegen vor: *Theorie der ethischen Gefühle*. Nach der Auflage letzter Hand übersetzt und mit Einleitung, Anmerkungen und Registern herausgegeben von Walter Eckstein. Mit einer Bibliographie von Günter Gawlick, Hamburg 1985; *Der*

Wohlstand der Nationen. Eine Untersuchung seiner Natur und seiner Ursachen. Aus dem Englischen übertragen und mit einer umfassenden Würdigung des Gesamtwerkes herausgegeben von Horst Claus Recktenwald, München 1978. Wer als Leser einen ersten Einstieg in die beiden Hauptwerke von Smith sucht, kann von diesem selbst bedient werden: *Theorie der ethischen Gefühle*, S. 166–171 (»Über das Prinzip der Selbstbilligung und Selbstmißbilligung«), und *Der Wohlstand der Nationen*, S. 9–15 (»Die Arbeitsteilung«).

Schriften über Adam Smith

Im folgenden werden einige Titel aufgeführt, die dem deutschen Leser allgemein zugänglich sind und darüber hinaus geeignet, die vorliegende Einführung zu ergänzen, zu vertiefen oder auch zu problematisieren. Bibliographische Hinweise zur Sekundärliteratur finden sich im Anhang zu Recktenwalds Edition von *Der Wohlstand der Nationen*, a.a.O., S. 839f., wobei der Schwerpunkt auf dem ökonomischen Werk liegt, in Ecksteins Ausgabe der *Theorie der ethischen Gefühle*, a.a.O., S. LXXIV–LXXXIII, unter besonderer Berücksichtigung des moralphilosophischen Werkes, und bei Gerhard Streminger, *Adam Smith mit Selbstzeugnissen und Bilddokumenten*, Reinbek 1989, S. 150–155.

Zur Biographie Adam Smith' wird man fündig bei Streminger, a.a.O.; Horst Claus Recktenwald (Hg.), *Geschichte der Politischen Ökonomie. Eine Einführung in Lebensbildern*, Stuttgart 1971, S. 55–88; ders., *Adam Smith. Sein Leben und sein Werk*, München 1976, S. 1–40; ders., »Würdigung des Werkes«, in: Adam Smith, *Der Wohlstand der Nationen*, a.a.O., S. XVII–XXXII. Recktenwalds Rekonstruktion des Lebens von Smith lehnt sich in allen drei genannten Varianten eng an John Rae, *Life of Adam Smith*, New York (1895) 1965 an, ergänzt und korrigiert aber Raes curriculum vitae durch neuere Forschungsergebnisse, die vor allem William Robert Scott, *Adam Smith as Student and Professor*, Glasgow 1937, und Jacob Viner, »Adam Smith«, in der *International Encyclopedia oft the Social Sciences*, New York 1968, vorgelegt haben.

Das ökonomische Werk von Smith ist hundertfach ausgelegt, kommentiert und kritisiert worden, wobei das Urteil über den *Wealth of Nations* in der Regel weltanschaulich gefärbt war (und ist). Überzeugte Vertreter des Wirtschaftsliberalismus sehen in Smith' Politischer Ökonomie das theoretische Fundament einer »freiheitlichen Ordnung« schlechthin, die zur »Natur« des Menschen gehöre. Schrankenlose Freiheit der Wirtschaftssubjekte im Sinne der je persönlichen Verfolgung des Eigennutzes (»selfinterest«) und Gemeinwohl bilden dieser Sicht zufolge keinen Gegensatz, sondern fallen idealiter zusammen. Paradigmatisch dafür Horst Claus Recktenwald, *Adam Smith. Sein Leben und sein Werk*, a.a.O., S. 102–168; ders., »Würdigung des Werkes«, a.a.O., S. XLII–LXXI; Joachim Starbatty, »Die List der unsichtbaren Hand«, in *Frankfurter Allgemeine Zeitung*, 14. 7. 1990, S. 11. Überzeugte Gegner des Kapitalismus sehen das anders, z. B. Karl Marx. Marx war ein eifriger Leser von Smith, und es lohnt sich immer noch, seine geistige Auseinandersetzung mit einem der »besten Repräsentanten« (Marx) der klassischen Politischen Ökonomie nachzuvollziehen. Vgl. Karl Marx, *Das Kapital*, 3 Bde., Berlin 1969; ders., *Theorien über den Mehrwert*, Berlin 1973. In diesen Werken beschäftigt sich Marx kritisch mit Smith' Wert- und Mehrwerttheorie, mit dessen Unterscheidung zwischen produktiver und unproduktiver Arbeit und seiner Herleitung und Bewertung der gesellschaftlichen Arbeitsteilung. Bei aller prinzipiellen Kritik kann freilich nicht übersehen werden, in wie vielen theoretischen Einsichten Marx Smith verpflichtet bleibt. Maurice Dobb, *Wert- und Verteilungstheorien seit Adam Smith. Eine nationalökonomische Dogmengeschichte*, Frankfurt a. M. 1977, S. 47–75, verweist in seiner Auseinandersetzung mit Smith' Werttheorie und Theorie der Einkommensverteilung auf den historisch relativen Charakter dieser Lehren, d. h. auf die geschichtliche Bedingtheit ökonomischer Deutungssysteme und ihre deshalb mehr oder minder apologetische Funktion in wirtschaftspolitischen Debatten.

Albert O. Hirschman, *Leidenschaften und Interessen. Politische Begründungen des Kapitalismus vor seinem Sieg*, Frankfurt a. M. 1980, S. 109–122, diskutiert das ökonomische Werk von Smith im Kontext jenes älteren Streites, in welchem im 17. und 18. Jahrhundert den gefährlichen »Leidenschaften« des Menschen die rationalen wirtschaftlichen »Interessen« gegenübergestellt wurden. Im Gegen-

satz zu vielen anderen Autoren charakterisiert Hirschman Smith'
Einstellung zum entstehenden Kapitalismus als ambivalent. Von
dieser Ambivalenz ist auch in einem anderen Buch von Hirschman,
*Engagement und Enttäuschung. Über das Schwanken der Bürger
zwischen Privatwohl und Gemeinwohl*, Frankfurt a. M. 1984,
S. 53–68, die Rede, in dem gezeigt wird, daß Smith, obwohl er im
Wealth of Nations für wirtschaftliches Wachstum und Zunahme des
allgemeinen Wohlstands plädiert, sich zugleich scharf gegen die neue
Wohlstandskultur seiner Zeit, den sich ausbreitenden »Konsumis-
mus« der Bürger wendet. Hartmut Neuendorff, *Der Begriff des
Interesses. Eine Studie zu den Gesellschaftstheorien von Hobbes,
Smith und Marx*, Frankfurt a. M. 1973, S. 73–105, kritisiert aus
neomarxistischer Sicht Smith' Lob des individuellen Eigeninteresses
als Motor allgemeinen sozialen Fortschritts und zeigt, daß die nur
scheinbar individuelle Interessenorientierung in Wahrheit gesell-
schaftlich determiniert ist.

Franz-Xaver Kaufmann und Hans-Günter Krüsselberg (Hg.),
Markt, Staat und Solidarität bei Adam Smith, Frankfurt a. M. / New
York 1984, rücken das Smithsche Werk in einen sehr breiten sozial-
wissenschaftlichen Diskussionszusammenhang. Smith wird nicht
nur als »Gründervater der Nationalökonomie« betrachtet, sondern
auch als bedeutender Anreger der Soziologie und der Politikwissen-
schaft (besonders in den Beiträgen von Andrew S. Skinner und
Donald Winch). Die Arbeiten des Bandes thematisieren u. a. die
Verhältnisbestimmung von Markt und Staat bei Smith (Klaus
Gretschmann), seine Theorie der »öffentlichen Güter« (Vincent
Ostrom) und das Problem der berühmten »unsichtbaren Hand«
(Heinz-Dieter Kittsteiner).

Heinz-Dieter Kittsteiner, *Naturabsicht und Unsichtbare Hand. Zur
Kritik des geschichtsphilosophischen Denkens*, Frankfurt a. M. / Berlin / Wien 1980, eine Art »ausholender Umweg zu Marx«, diskutiert
das moralphilosophische und das ökonomische Werk von Smith –
zwischen denen er, einer bestimmten Rezeptionstradition folgend,
einen Bruch konstatiert – im historischen Kontext des sich auflösen-
den Feudalsystems und des erstarkenden Kapitalismus und themati-
siert die Grenzen und Illusionen einer Geschichtsphilosophie, die
den Verwertungsprozeß des Kapitals als unbegriffene Grundlage
ihrer selbst nimmt: Wie sich dieser Prozeß des sich selbst verwerten-

den Werts unabhängig von den Zwecksetzungen der einzelnen Individuen vollziehe, so verselbständige sich auch der Fortschritt zum Subjekt und Selbstzweck der Geschichte. Demgegenüber macht Johannes Rohbeck, *Die Fortschrittstheorie der Aufklärung. Französische und englische Geschichtsphilosophie in der zweiten Hälfte des 18. Jahrhunderts,* Frankfurt a. M. / New York 1987, geltend, daß die von den französischen Enzyklopädisten und den schottischen Moralphilosophen vertretene Fortschrittsidee nicht nur als ideologisches Abbild verkehrter sozialer Verhältnisse zu verstehen sei. Mit Nachdruck wendet sich Rohbeck gegen die im Zeichen der »posthistoire« epidemisch gewordene Haltung, die später diagnostizierte Verselbständigung des Fortschritts in die Entstehungsgeschichte der Fortschrittstheorie zu verlegen.

Einen ebenso aktuellen wie originellen Beitrag zu Smith leistet Rolf Peter Sieferle, *Bevölkerungswachstum und Naturhaushalt. Studien zur Naturtheorie der klassischen Ökonomie,* Frankfurt a. M. 1990, S. 7–53, 113–129. Sieferle zeigt, daß Smith' Idee einer marktwirtschaftlichen Selbstregulierung der Gesellschaft von einer theologischen Hintergrundannahme gesteuert wird, die sicherstellt, daß die spontan eigennützigen Handlungen der Wirtschaftssubjekte in grundsätzlichem Einklang mit der Natur stehen: Produktion und Konsumtion von Gütern und (Natur-)Ressourcen berühren nirgends den göttlichen garantierten Naturhaushalt, Ökonomie und Ökologie befinden sich daher in einem fundamentalen Gleichgewicht. Daß diese optimistische Sicht der Dinge, die zu schrankenloser Naturausbeutung ermuntert, in eine Krise geraten ist – Sieferle spricht vom »Scheitern des Liberalismus«, auch wenn dieser sich ökonomisch wie politisch dem sozialistischen Projekt gegenüber als überlegen erwiesen hat –, weiß man spätestens, seit das Wort »Waldsterben« populär wurde.

Biographische Daten

1723   Am 5. Juni wird Adam Smith, dessen Vater wenige Monate zuvor gestorben war, in Kirkcaldy in der schottischen Grafschaft Fife getauft. Das genaue Geburtsdatum ist bis heute nicht bekannt

1732–37   Besuch der Burgh-Schule von Kirkcaldy

1737   Übersiedlung nach Glasgow, Immatrikulation an der dortigen Universität. Studium des Griechischen, der Mathematik und der Philosophie (bei Francis Hutcheson)

1740   »Master of Arts«. Smith erhält ein Stipendium

1740–46   Studium in Oxford. Im August 1746 Rückkehr nach Kirkcaldy

1748–51   Smith hält in Edinburgh Kurse über Literatur und Jurisprudenz. Persönliche Bekanntschaft mit David Hume

1751   Ernennung zum Professor für Logik an der Universität Glasgow. Ab Oktober unterrichtet Smith in Glasgow (bis 1763)

1752   Ernennung zum Professor für Moralphilosophie

1759   Veröffentlichung der *Theorie der ethischen Gefühle*

1761   Publikation des Aufsatzes über den Ursprung der Sprachen

1762   Verleihung des Titels eines Doktors der Rechte

1764   Smith verläßt Glasgow und reist als Privatlehrer des Herzogs von Buccleuch nach Frankreich. Er arbeitet am *Wohlstand der Nationen*

1765   Reise durch Südfrankreich. In Genf mehrere Zusammenkünfte mit Voltaire

1766   In Paris Kontakte mit den Aufklärern (Holbach, Helvetius) und den Physiokraten (Quesnay, Turgot). Im

	Herbst Rückkehr nach England. Smith wird Berater des Schatzkanzlers
1767	Ernennung zum Fellow der Royal Society
1767–73	Rückkehr nach Kirkcaldy. Arbeit am *Wohlstand der Nationen*
1776	Veröffentlichung von *Der Wohlstand der Nationen*. Tod Humes
1778	Ernennung zum Zollrevisor. Mit seiner Mutter und einer Cousine Übersiedlung nach Edinburgh
1782–83	Überarbeitung von *Der Wohlstand der Nationen*
1784	Tod der Mutter
1787	Ernennung zum Lord Rector der Universität Glasgow
1788	Konzentrierte Überarbeitung der *Theorie der ethischen Gefühle*
1790	Am 17. Juli stirbt Smith in Edinburgh

Reihe Campus Einführungen

Diese Bände eröffnen den Zugang zu Klassikern philosophischen, politischen und sozialwissenschaftlichen Denkens. Sie arbeiten die Grundgedanken des jeweiligen Werkes heraus und machen sie faßbar.

Walter Reese-Schäfer
Jürgen Habermas
Band 1041 · Originalausgabe
1991. 144 Seiten, ISBN 3-593-34484-X

Norbert Bolz, Willem van Reijen
Walter Benjamin
Band 1042 · Originalausgabe
1991. 147 Seiten, ISBN 3-593-34485-8

D.D. Raphael
Adam Smith
Band 1043 · Deutsche Erstausgabe
1991. 138 Seiten, ISBN 3-593-34487-4

Günter Schulte
Immanuel Kant
Band 1044 · Originalausgabe
1991. 178 Seiten, ISBN 3-593-34486-6

„Unserem Konzept zufolge sind die Bände der Reihe Campus Einführungen sowohl zum Selbststudium als auch für den universitären Gebrauch geeignet. Anregungen und Kritik von Seiten der Leser nehmen wir dankbar entgegen und laden ein zum Gedankenaustausch."

Die Herausgeber

Campus Verlag · Heerstraße 149 · 6000 Frankfurt am Main